乡村振兴视域下乡村旅游发展的
探索与实践

王 珊 彭璐璐 著

中国书籍出版社
China Book Press

图书在版编目（CIP）数据

乡村振兴视域下乡村旅游发展的探索与实践 / 王珊，彭璐璐著 . -- 北京：中国书籍出版社，2023.10

ISBN 978-7-5068-9518-7

Ⅰ . ①乡… Ⅱ . ①王… ②彭… Ⅲ . ①乡村旅游—旅游业发展—研究—中国 Ⅳ . ① F592.3

中国国家版本馆 CIP 数据核字 (2023) 第 142439 号

乡村振兴视域下乡村旅游发展的探索与实践

王　珊　彭璐璐　著

责任编辑	李国永
装帧设计	李文文
责任印制	孙马飞　马　芝
出版发行	中国书籍出版社
地　　址	北京市丰台区三路居路 97 号（邮编：100073）
电　　话	（010）52257143（总编室）（010）52257140（发行部）
电子邮箱	eo@chinabp.com.cn
经　　销	全国新华书店
印　　刷	天津和萱印刷有限公司
开　　本	710 毫米 ×1000 毫米　1/16
字　　数	230 千字
印　　张	12.75
版　　次	2024 年 1 月第 1 版
印　　次	2024 年 1 月第 1 次印刷
书　　号	ISBN 978-7-5068-9518-7
定　　价	72.00 元

版权所有　翻印必究

前　言

旅游已成为人们生活的常态，旅游业的发展日新月异。随着全域旅游时代到来，人们更愿意返璞归真，回归大自然。乡村旅游的发展就是在市场经济条件下自发形成并发展起来的一种旅游形式，它是都市人群在快节奏、高压力以及高污染环境生活下衍生出的一种对自然和恬淡生活的向往，对乡村情怀的一种精神需求。户户有炊烟、家家有杨柳、人人笑开颜的美丽乡村画卷，已不再停留在梦里，而是实实在在的需要。

乡村振兴是时代赋予我们的神圣使命，要始终以农业农村为首要发展对象，在建立和完善城乡融合发展的体制体系的过程中要始终坚持产业兴旺、生态宜居、乡风文明、治理有效、生活富裕的总要求，为加快实现农业农村现代化起到推进作用。乡村旅游作为旅游业与农业的交叉领域，是现代旅游业发展到一定阶段的产物、是人民生活水平不断提高、旅游需求不断提升的结果。

在我国，乡村旅游的发展还处在起步阶段，虽然有许多不完善和不成熟的地方，但乡村旅游从其产生开始就表现出强劲的良好发展势头，它能够发掘农村的剩余劳动力，充分利用农业的功能和附加价值，美化村容村貌；而且乡村旅游正成为许多农民增收的新渠道，同时也是农村生活和社会环境面貌提升的重要动力。

乡村振兴战略的发展目标是"产业兴旺、生态宜居、乡风文明、治理有效、生活富裕"，实现乡村产业兴旺，要打造特色产业、加强品牌建设、提升产业现代化、促进产业融合发展，发展旅游是振兴乡村的有效路径之一。乡村旅游使得中国乡村所具有的历史、文化以及艺术价值逐渐被人们所发现、认同与挖掘，有利于促进农村产业融合发展，同时对农村可持续发展、带动贫困地区的农村脱贫致富也有着非常重大的意义。未来中国将越来越依赖于发展旅游以促进乡村脱贫和振兴，促进乡村脱贫致富和乡村振兴也成为未来乡村旅游发展的重要使命。

全书共分为六大章节，第一章为乡村振兴战略概述，包括乡村振兴战略的背景、目标与内涵、任务体系、规划。第二章为乡村旅游与乡村振兴，阐述了乡村旅游的概述，乡村旅游的发展，乡村旅游与乡村振兴的双向推动。第三章介绍了乡村振兴视域下的乡村旅游，包括乡村振兴视域下乡村旅游的保障要素、空间格局、效应与模式。第四章为乡村振兴视域下乡村旅游的发展途径，分别从乡村振兴视域下乡村旅游的规划、乡村旅游资源的挖掘与开发、乡村旅游设施的保障与建设、乡村旅游形象的设计、乡村旅游产品的开发与营销、乡村旅游产业的运营与发展等六个方面进行阐述。第五章为乡村振兴视域下乡村旅游的可持续发展，从三个方面进行阐述，分别是可持续发展概述，乡村振兴视域下乡村旅游经济的可持续发展，乡村振兴视域下乡村旅游文化的可持续发展。最后一章是乡村振兴视域下乡村旅游发展的经典案例，包括乡村振兴视域下乡村旅游的美丽乡村、特色小镇、田园综合体以及休闲农庄。

在撰写本书的过程中，作者得到了许多专家学者的帮助和指导，参考了大量的学术文献，在此表示真诚的感谢。本书内容系统全面，论述条理清晰、深入浅出，但由于作者水平有限，书中难免会有疏漏之处，希望广大同行及时指正。

王珊

2023 年 2 月

目 录

第一章 乡村振兴战略概述 1
- 第一节 乡村振兴战略的背景 1
- 第二节 乡村振兴战略的目标与内涵 5
- 第三节 乡村振兴战略的任务体系 7
- 第四节 乡村振兴战略的规划 12

第二章 乡村旅游与乡村振兴 23
- 第一节 乡村旅游的概述 23
- 第二节 乡村旅游的发展 47
- 第三节 乡村旅游与乡村振兴的双向推动 58

第三章 乡村振兴视域下的乡村旅游 65
- 第一节 乡村振兴视域下乡村旅游的保障要素 65
- 第二节 乡村振兴视域下乡村旅游的空间格局 72
- 第三节 乡村振兴视域下乡村旅游发展的效应与模式 76

第四章 乡村振兴视域下乡村旅游的发展途径 86
- 第一节 乡村振兴视域下乡村旅游的规划 86
- 第二节 乡村振兴视域下乡村旅游资源的挖掘与开发 99
- 第三节 乡村振兴视域下乡村旅游设施的保障与建设 125
- 第四节 乡村振兴视域下乡村旅游形象的设计 135

第五节　乡村振兴视域下乡村旅游产品的开发与营销……………………139
　　第六节　乡村振兴视域下乡村旅游产业的运营与发展……………………145

第五章　乡村振兴视域下乡村旅游的可持续发展……………………………150
　　第一节　可持续发展概述……………………………………………………150
　　第二节　乡村振兴视域下乡村旅游经济的可持续发展……………………167
　　第三节　乡村振兴视域下乡村旅游文化的可持续发展……………………169

第六章　乡村振兴视域下乡村旅游发展的经典案例…………………………172
　　第一节　乡村振兴视域下乡村旅游——美丽乡村…………………………172
　　第二节　乡村振兴视域下乡村旅游——特色小镇…………………………177
　　第三节　乡村振兴视域下乡村旅游——田园综合体………………………185
　　第四节　乡村振兴视域下乡村旅游——休闲农庄…………………………191

参考文献……………………………………………………………………………195

第一章 乡村振兴战略概述

无论从涉及深度还是从影响广度来看,乡村振兴都是当前中国区域经济和社会发展中的一个大命题。本章为乡村振兴战略概述,分别从乡村振兴战略的背景、目标与内涵等多个方面进行详细阐述。

第一节 乡村振兴战略的背景

一、新动能与高质量发展

在国际竞争形势日趋复杂、国内经济下行压力不断加大的背景下,我国经济发展亟须培育新产业,寻找新动能,从高速发展转向高质量发展。一方面,我国作为一个不断崛起的新兴经济体,国际地位明显提高,但部分国家严重误判我国,挑起贸易战,企图压制我国崛起。例如,2019年5月17日,美国商务部工业安全局(BIS)宣布将华为及其子公司正式列入出口管制"实体名单"(黑名单),随后华为被美国"封锁"事件愈演愈烈。谷歌停止向华为提供接入、技术支持及其专有应用和服务的合作,随后,微软删除了电商的华为笔记本信息,日本的两大通信运营商软银和KDDI都宣布延迟发布华为手机,英国两大主流通信运营商EE和Vodafone(沃达丰)相继宣布停售华为5G手机,英国半导体ARM也宣布停止和华为及其附属公司的所有业务往来,三家全球领先的芯片设计商和供应商英特尔、高通和博通终止与华为的合作。面对巨变,华为未雨绸缪、积极应对,自主研发了一套操作生态系统,储备了足够的芯片和其他重要组件,避免了一场商战浩劫。可见,为提高国际竞争力,应对国际危机和挑战,我国迫切需要通过新一轮的科技革命、产业革命，培育产业发展新业态、新模式，形成经济发展新动能。同时，我国国内经济虽保持增长态势，但增长率呈下降趋势，经济发展动力不足，下行压力持续加大，使我国进入了新旧动能转换的关键期，如何实现经济发展提档升级成为当前经济发展的一大难题。另外，为追求经济高速发展而以高污染、高能耗为代价的传统发展方式，带来了严重的环境和生态问题，已不再适应新时代经济发展的要求，强调节能环保、绿色增长的高质量发展成为主要发展趋势。此外，随着经济水平的逐步提高，人们的消费需求也不断升级，对个性化、定制化的产品和休闲性、体验性的服务提出了更高要求，加快供给侧结构性改革、推动经济高质量发展成为促进我国经济持续健康增长的决定方向。

在我国经济发展新旧动能转换和高速发展向高质量发展迈进的过程中，乡村潜力较大，是经济发展新动能的聚集地，其功能有待释放，但受其发展内生力不足的限制，也成为我国经济高质量发展的攻坚地。

一方面，乡村不仅是粮食及经济作物的主要产地，而且幅员辽阔、分布广泛，具有得天独厚的资源条件，能够为培育新型产业提供发展空间和资料来源。同时，乡村成本低廉的庞大劳动力市场、优质健康的生态环境等将为休闲服务产业、新型生态产业等提供持续动能。此外，农村有巨大的人口基数，从长远发展来看，随着农村收入水平、生活质量的不断提高，乡村将成为我国巨大的国内生产市场和消费市场，有助于提高内需，降低对外部市场的依赖。

另一方面，在工业化、城镇化过程中，长期城乡发展不均衡致使城乡收入差距拉大，引发乡村劳动力外流，积累产生空心化、老龄化、非农化等一系列社会问题，使得乡村发展面临衰败之势，致使农村发展内生动力不足。同时，由于乡村远离市场经济核心圈，以传统农业为主的低端农产品在市场经济竞争中表现乏力，受农产品产业链短、产业业态单一、附加值低等客观因素制约，乡村经济失去发展活力，成为推动我国经济高质量发展的攻坚点。所以，为发挥乡村经济推动国民经济发展的潜在动能，首要任务是激发其发展活力，提高其内生动力。

二、脱贫攻坚与美好生活

随着我国精准扶贫工作的深入开展，贫困现象得到明显改善，贫困人口大幅减少，经过多年共同努力，在迎接建党100周年到来之际，我国脱贫攻坚战取得了全面胜利，现行标准下9899万农村贫困人口全部脱贫。尽管我国已经完成脱贫攻坚、全面建成小康社会的历史任务，但是，巩固拓展脱贫攻坚成果，增强脱贫地区和脱贫群众内生发展动力、全面推进乡村振兴仍然是一个长期任务。

随着物质生活的不断丰富，人们对生活质量的要求逐步提高，我国社会的主要矛盾也逐渐变为人民日益增长的美好生活需要与不平衡不充分发展之间的矛盾，而振兴乡村、建设乡村既是美好生活的要求，也是美好生活的推动力。一方面，伴随经济的快速发展，城市居民已不再满足于物质层面的追求，而更加向往暂时逃离城市、远离喧嚣环境，加之城市发展、工业发展使城市生活空间环境污染加重，拥抱自然、回归田园的"乡愁"情怀与日俱增，而乡村正是承载"乡愁"的最佳场域。另一方面，相较于城市，农村人口近几年收入不断增加，但生活质量尚处于较低水平，还难以满足高质量生活的需求。除此之外，农村的教育、医疗卫生、社会保障、生活环境、就业保障等条件也还处于相对落后水平，构成了现阶段我国全面推进乡村振兴的最大短板。如果农村民生问题无法得到有效解决，农民对美好生活的向往就难以实现，乡村将长期面对发展内生动力不足的困境。

三、文化复兴与生态文明

传统文化是一个民族的灵魂，但随着市场发展加快和国际交流增强，人们的价值观发生了改变，多元文化与中国传统文化形成对冲，为保持中华民族之精神，我国必须加强文化建设，提高文化自信，而乡村是中华传统文化的基因库，有丰富的文化资源，是文化传承、文化保护的主阵地。文化自信是一个国家文化软实力的体现，但是在高速发展的经济环境中，充满着欲望、污染、竞争的所谓现代文明影响了人们的文化意识，人们普遍追求快文化，追逐物欲和利益，甚至摒弃传统文化价值观念。大部分青年由于缺乏文化浸润，对中华传统文化知之甚少，了解不深，文化自信便无从谈起。

乡村作为中华民族的精神家园，其看重自然、善待自然的生态文化，亲仁善邻、相扶相助的人情文化以及民俗技艺、建筑遗迹等各类物质与非物质文化是中华传统文化的重要组成部分，也是中华文化的核心与精髓。这些传统文化不仅在传统中国能够规范和约束人们的行为，在社会主义新时代仍然有着特殊的教育意义、引领意义，是中华民族的文化珍宝，值得代代传承。城市化和工业化的发展为乡村带来了城市文明、工业文明，但同时也使乡村社会的文化生态体系被打破并解构，农民的精神世界遭到冲击，睦邻友好的情感纽带被割裂。

城市代表文明、农村相对落后的文化不对等意识使得人们对传统文化的认同逐渐丧失，表现出漠然和忽视的态度，部分传统文化习俗、文化遗址、传统村落正以极快的速度消亡或已经消亡，乡村作为我国传统文化的基因库正面临萎缩、没落危险。因此，加强乡村文化的挖掘和保护工作，对乡村文化加以合理利用，充分发挥文化的教育价值和市场价值，既是对中华优秀传统文化的传承和弘扬，也是促进物质文明和精神文明协同共建、实现文化复兴、加强文化自信的时代所需。

人们的需求具有多样性，面对工业文明所带来的环境污染、能源短缺、城市环境恶化等问题，人们对天蓝、地绿的优美宜居生活环境的需求更为迫切，绿色环保、尊重自然、享受自然的生态文明愿景更能体现当代人更高形式的生活追求。乡村既是生态文明的最佳承载空间，也是践行生态文明、治理生态问题的主体。青山、绿水、田园、植被是大自然对乡村最好的馈赠，对人们修身养性、康体疗养、休闲度假等具有较大吸引力，是城市人对美好生态空间的向往。

在绿色环保的前提下，对乡村生态资源的合理利用，使绿水青山成为金山银山，将生态价值转化为经济价值，提高了乡村人口经济水平。但是，快速工业化和城镇化，导致乡村生产生活空间发生巨大变化，带来了严重的生态环境问题。一方面，农耕土地减少，污染严重。一部分农村土地融入城市发展空间，成为城市化地区，乡村生存生活空间被压缩，农用土地、耕地面积减少。另一方面，农村环境污染、生态破坏明显。城市化、工业化带来的汽车尾气、生活垃圾、工业废水、废气、固体废弃物排放等造成的空气污染、水体污染、环境污染现象在农村蔓延。对资源的过度开发、粗放利用，使农村资源匮乏和短缺问题不容乐观，对农村整体资源环境造成了较大程度的破坏。因此，乡村作为精神文化、生态宜居的直接载体，通过环境保护、生态改善、合理利用等手段，实现保护—开发—保护的良性循环，是践行生态文明的最佳方式。

第二节 乡村振兴战略的目标与内涵

一、乡村振兴战略的内涵

乡村振兴战略以解决"三农"问题为出发点，以实现农村繁荣、农业兴盛、农民富裕为直接目的，但不局限于农村，而是要跳出乡村谈发展，讲求统筹城乡发展、促进"三产"融合，是包括经济、社会、文化、治理、生态全面振兴的综合战略。在乡村振兴战略被提出的同时，大量学者开始针对乡村振兴战略的内涵展开研究。有的学者将乡村振兴战略与新农村建设进行对比，认为乡村振兴战略是新时期新农村建设的升级版，其内涵更丰富、更深刻，充分体现了中国特色社会主义的新时代特征和全面建设社会主义现代化国家的基本要求；还有学者从乡村振兴战略的目标出发，认为从本质上讲，该战略是要解决我国经济社会发展中最大的结构性问题；也有学者从"三农"问题出发，认为乡村振兴战略明确了"三农"问题在全党工作中的地位；更有学者从共产党执政规律、社会主义建设规律、人类社会发展规律三个维度进行阐释，认为坚持体制机制改革创新、坚持农民主体地位和实行农村土地三权分置三个方面的战略内涵为中国特色社会主义乡村振兴指明了道路。

综合以上认识，首先就其表面含义而言，乡村振兴战略是解决"三农"问题、破解城乡发展困局的指导性决策。目前，受城乡发展二元结构的影响，"三农"发展成为我国全面建设社会主义现代化国家的短板和社会经济发展亟须补齐的弱项，所以战略明确了"三农"工作在全党工作中的重要地位，是我国新时代社会主义现代化建设的重点；提出了中国要强，农业必须强；中国要美，农村必须美；中国要富，农民必须富的强美富理论；指出了产业兴旺、生态宜居、乡风文明、治理有效、生活富裕层层递进的20字方针；提出了针对乡村产业、生态、文明、社会、经济等方面建设的具体要求。其次，对乡村振兴战略的理解不能停留在表面，就其本质内涵来说，该战略是以习近平同志为核心的党中央在对我国社会主要矛盾深刻变化及国际经济格局发展趋势的科学判断下，顺应社会经济发展、遵循科学治理基本规律而提出的为推动全面建设社会主义现代化国家、加快实现中华民族伟大复兴的时代目标而作出的重大战略决策。

当前，国内经济下行压力加大，国际发展局势复杂，威胁和机遇并存，我国在寻求国际合作、开放共赢的同时，也迫切需要提高内需，降低对外部环境的依赖。通过乡村振兴发展为经济发展注入新动能，促进经济、社会健康稳定高质量发展，既是党中央居安思危、未雨绸缪之举，也是高屋建瓴、顺势而为，实现伟大复兴中国梦的顶层设计。

二、乡村振兴战略的目标

乡村振兴战略旨在乡村繁荣兴盛，但这种繁荣兴盛包括经济、社会、文化、政治、生态的全面发展，这就对乡村振兴战略的目标提出了全方位的要求。从乡村的发展实际来看，经过城乡一体化、新农村建设等前期发展，乡村的落后面貌得到基本改善，为乡村振兴发展奠定了一定基础，但产业发展缺少体系支撑、生态污染未得到有效控制、乡风文明被解构、基层组织治理低效、城乡收入差距依然较大、农村居民收入不高、整体生活质量还处于较低水平等问题有待进一步解决。只有大力发展乡村，消除乡村建设短板，才能达成全面建设社会主义现代化国家的目标。

乡村振兴战略是一个需要长期努力，并一以贯之、持续推进的国家战略。为保障国家的持续健康发展，城市、农村"两条腿"必须同步迈进，城市长腿迈步、农村短腿拖滞始终不利于长远发展。因此，在当前城乡经济发展严重失衡的情况下，亟须发展农村、建设农村，实现乡村全面兴盛。

中央在2017年全国农村工作会议中明确提出乡村振兴战略"三步走"的目标：第一步到2020年，乡村振兴取得重要进展，制度框架和政策体系基本形成；第二步到2035年，乡村振兴取得决定性进展，乡村振兴战略总要求基本完成，农业农村现代化基本实现；第三步到2050年，乡村要全面振兴，农业强、农村美、农民富全面实现，这就为中国特色社会主义乡村振兴道路确定了行动指南。首先，要实现"乡村振兴"的制度目标，必须构建完善的"城乡一体化"的体制机制与政策，并以此为基础，以实现农村的治理体系与能力的现代化；其次，要达到建设目标，把农业变成有前途的行业，把农民变成有魅力的职业，把乡村变成可以让人安居乐业的美好家园；最后，乡村振兴要将人民对美好生活的向往作为落脚点，提升农民获得感、幸福感、满足感，最终达到农业强、农村美、农民富的全面振兴目标。从长远来看，乡村发展与伟大复兴中国梦紧密相连，没有乡村全面振兴的中国梦是不完整的中国梦，也是不可能实现的中国梦，通过乡村发展推动全国整体发展，使中国发展水平迈向更高台阶，实现全民共同富裕、乡村振兴战略的根本目标。

第三节 乡村振兴战略的任务体系

乡村振兴战略任务体系围绕"三农问题"的产业、生态、乡风、治理、生活方面五大短板，以建立并完善城乡融合发展机制和政策体系为目标，围绕着产业兴旺、生态宜居、乡风文明、治理有效、生活富裕的总要求集中发力，使农业农村现代化加速发展，从深化制度改革、完善农业体系、制度体系、人才体系等方面建设推动战略实施。

一、激发产业发展活力

乡村振兴的首要任务是产业兴旺，以农业发展为主，一、二、三产融合发展是关键，供给侧结构性改革是主线。

一方面，就农业产业发展而言，现阶段农村产业发展的现状是农产品多而不精，农业广而不强，农业效益低倒逼农业产业体系发展。具体来看，乡村农业发展应以质量兴农、绿色兴农、粮食安全为抓手，实现农业高质量发展。同时，要加大科技投入、技术支撑，提高农民现代设施应用能力，使规模生产与小农生产相结合。但农业功能不能只停留在生产上，要通过农业产业业态、内容、链条的丰富、创新、延伸，加快构建农业产业体系、生产体系和经营体系。在农业产业保障方面，要健全农业社会化服务体系、支持保护体系建设，推进农业现代化生产，形成有特色、有竞争力的农业产业，加快实现由农业大国向农业强国转变。

另一方面，促进产业融合发展，培育新型产业，是形成支柱产业的有效方式。乡村农产品种类丰富，可以搭乘城乡融合之便车，以新型工业为手段，开展农副产品精深加工，搞活"一村一品"，打造名优产业。同时依托乡村自然、人文资源，借助教育、旅游、文化、媒体、网络等产业力量，实现多产业融合发展，使绿水青山变成金山银山，充分发挥生态效益、经济效益、社会效益。归根结底，产业兴旺需以资源为本，引导全要素生产资源向农村的正向流动至关重要。所以，要通过政策、体制建设配置资源，实现乡村产业发展的各要素禀赋向农村聚合，打造优势产业，激活产业价值。

二、打造生态宜居格局

建设生态宜居乡村是乡村振兴战略中的重要任务之一。生态宜居对生活环境建设提出了更高要求，宜居是基础，生态是保证。脱离民生讲生态，青山绿水恐为穷山恶水。

建设生态宜居乡村首先要完善农村基础设施建设和公共服务水平，要在环境保护的前提下，大力改善农村住房条件，建设水电气、交通、通信等基础设施，完善医疗、教育、文化、娱乐等配套设施，使农村生活便捷、文明、现代。同时，农村垃圾污水排放、土地土壤污染、资源粗放开发导致生态破坏，对宜居环境造成影响的问题不容忽视，要加快实施环境有效治理、以生态改善的方式为宜居创造条件，使农村生活健康、舒适（图1-3-1）。

图 1-3-1　生态宜居乡村

其次，建设宜居农村要尊重自然、顺应自然、保护自然，将良好的生态环境作为发展的优势、宝贵的财富和美好生活的保障，运用现代科技和管理手段，对乡村自然资本进行合理开发，加快增值，将乡村生态优势转化为发展生态经济的优势，促进生态和经济良性循环，实现百姓富、生态美的统一。总体而言，要处理好开发与保护的关系，使生态与宜居互动融合，既要生态和谐，又要生活美好。

三、营造文明文化风尚

乡风文明是乡村振兴战略的灵魂与保障，是乡村优秀文化的重要组成部分。乡村振兴物质建设固然重要，但精神文明也不容忽视。既要传承和弘扬中华优秀传统文化，也要发挥先进文化的引领作用，要全面提升农民精神风貌，培育文明乡风、良好家风、淳朴民风，不断提高乡村社会文明程度。现阶段，乡村绝大多数人民已经达到丰衣足食的物质发展水平，但文化建设相对滞后。一方面优秀传统文化没有得到有力传承与保护，另一方面，一些低俗文化、垃圾文化渗入，乡村文明文化建设亟须大力推进。

首先，要明确村民主动提升为主、政府制度引导为辅的建设原则。乡风文明文化建设主体是农民，政府修文化室、建图书馆、搞文化墙等基础性工作是很有必要的，但关键要充分调动农民积极性，有效激发农民主体责任意识。通过一些村民喜闻乐见的方式，结合现代科技手段、数字媒体技术，以丰富多样的创新形式，将社会主义核心价值观、中国梦理念等思想道德建设内容柔性渗入，激发农民接受兴趣、学习兴趣。配套建设保障制度，逐步实现教育引领、实践养成的效果。

其次，要保护优秀传统、整合民间艺术、挖掘文化能人、树立文化自信。文化不能停留在教育、保护的静态功能上，要通过开发、利用实现其动态功能，以经济价值的转化，实现其保护和利用的良性循环。因此，要在科学保护传承的基础上，包容并蓄现代文明，赋予丰富的时代内涵，合理开发利用，实现优秀传统文化的弘扬发展与提升改造。

四、构建多元治理体系

乡村振兴，治理有效是基础，完善治理结构、多元治理体系是留住"乡愁"的一种内在关切。当前，乡村党政关系、干群关系、乡村债务、村治腐败等乡村治理问题成为阻碍乡村振兴的重要隐患。乡村在历史发展过程中，形成了深厚的自治、德治治理基础，是乡村治理体系的有机组成部分。可以从深入开展村民自治的实践入手，强化基层群众自治组织的建设，完善和创新基层党组织领导下的具有生命力的村民自治机制。与此同时，提高农村的道德治理水平，对农村熟人社会中所包含的道德准则进行深度挖掘，并与时代需求相适应，不断地对其进行革新，增强其道德教育功能，建立道德激励约束机制。

乡村治理工作最终要落实法治，要确保法律法制和依法治理理念的权威地位，用法律维护农民权益、规范市场运行、农业支持保护、生态环境治理、化解农村社会矛盾等。在不同治理机制中党的基层组织应始终居于中心地位，要强化农村基层党组织领导核心地位，防止村级党组织出现弱化、虚化、淡化、软化、边缘化现象。因此，应当鼓励和允许乡村以基层党组织为核心，根据自身条件，组成不同的、适合本地情况的治理结构，建设自治、德治、法治相结合的多元治理体系，提高乡村治理效率，推进乡村治理现代化。

五、塑造美丽幸福风貌

生活富裕是新时代中国特色社会主义的根本要求，是乡村振兴最直接的动力源泉。共同富裕作为一种丰裕的生活状态，最主要的实现标准是社会生产力高度发展，社会财富极大丰富，人民群众物质生活水平极大提高。反观乡村发展，财富积累严重不足是当前一切"三农"问题的根源。

由于农民收入低下，生活质量难以持续保障与提高，加之城乡收入存在明显差距，农民背井离乡、弃农从工从商，造成乡村空心化，教育、文化、治理等问题随之产生。因此，提高乡村收入水平、促进农村劳动力转移就业、拓宽增收渠道是当前群众最关心、最直接、最现实的利益问题，而推动乡村产业融合、发展新业态新产业、配套乡村经济发展制度体系是解决以上需求的有效方式，也是乡村振兴当务之急。此外，与农民息息相关的教育、就业、服务、保障等方面是否全面是最能体现农民生活质量高低、快乐幸福与否的标准。

中国特色社会主义的发展成果必须更多、更公平地惠及全体人民，而农村相较于城市最大的差距在医疗、教育、服务、基础设施等公共资源水平方面。因此，乡村振兴要坚持优先发展农村教育事业，鼓励农民就业创业，推动农村基础设施提档升级，加强农村社会保障体系建设，持续改善农村人居环境，以实现生活富裕、美丽幸福的乡村梦想。

六、强化用人育人机制

实施乡村振兴战略，人才缺失是主要制约因素之一，要突破乡村发展人才瓶颈，必须探索多元用人、育人政策，着力培育本土人才，积极引进外来人才。

首先，就地取材，完善本地人才培育措施。乡村建设主体是农民，历史悠久的农业传统造就了农民浓厚的乡土情怀，这是农民最根本的内生动力，应充分调动本地农民参与乡村建设。完善本地能人培育措施，通过建立职业农民制度，创新职业评价机制，培养农业专门人才，使农民向职业化、专业化方向发展。

其次，多方聚才，创新人才引进机制。以精神激励、物质奖励多措并举，引进人才，吸引优秀人才建设农村，引导高校毕业生进村创业兴业。结合人才返乡政策，营造良好的创业就业环境，大力发展文化、科技、旅游、生态等乡村特色产业，提供多渠道就业方式，吸引农民工就地转移就业。制定各界人士服务乡村激励政策，打好感情牌，以"乡情"纽带激发建乡、扶乡情怀，凝聚社会力量，服务乡村振兴、共建美好家园。

最后，加强"三农"工作基层队伍建设。乡村振兴要坚持党的领导，充分发挥党的基层组织作用，要把懂农业、爱农村、爱农民作为基层工作队伍建设和干部培养的基本要求，加强"三农"工作干部队伍培养、配备、管理、使用，全面提升"三农"干部队伍能力和水平，为高效推进乡村振兴打下组织基础。

总而言之，人是乡村振兴中最活跃的因素，要采取一切有利于人才建设的方法、措施，广泛吸引人才、培养人才，发动一切可以发动的人才力量，为乡村建设注入活力。

第四节 乡村振兴战略的规划

实施乡村振兴战略是一项长期的历史性任务，也是一项复杂的系统工程，必须规划先行，谋定而动。乡村振兴战略规划是基础和关键，其作用是为实施乡村振兴战略提供重要保障。

一、乡村振兴战略规划的作用

（一）为实施乡村振兴战略提供重要保障

要想推动乡村振兴战略的有序开展，就要建立健全精准、完善的政策和规划。2018年5月31日，中央政治局会议在审议《国家乡村振兴战略规划（2018—2022年）》时指出，要抓紧编制乡村振兴规划和专项规划[1]。制定"乡村振兴"战略计划，既要明确总体思路，又要明确发展布局，更要明确目标、政策和措施，这样才能更好地发挥集中力量办大事的社会主义制度优势；有利于凝聚人心、统一思想、齐心协力；这对理性引导社会舆论、充分发挥各方的积极性、创造性具

---

[1] 中共中央国务院印发《乡村振兴战略规划（2018—2022年）》[J]. 云南农业，2018（11）：1.

有重要意义。

（二）实施乡村振兴战略的基础和关键

实施乡村振兴战略，要建立"中央统筹，省级负责，市县落实"的工作机制。乡村振兴战略的规划要立足全局、联系实际、科学合理，要能充分发挥对于城乡融合的凝聚作用，要能合理统筹规划城乡生产、生活、生态空间的布局，推进城乡要素双向流动和农业农村的高质量发展。乡村振兴战略的规划是落实乡村振兴战略的前提和核心，是有效推进乡村振兴发展的长远计划和战略目标。

目前，制订乡村振兴各级规划已刻不容缓。国家乡村振兴战略规划的编制工作正在加快推进，各省也在马不停蹄地制订省级层面的乡村振兴战略规划；针对乡村振兴战略，各地都在策划与之相适应的政策、措施，并有一批相关工程已经开始实施；全国各界人民群众，尤其是生活在农业农村第一线的广大干部、工人和农民，都对乡村振兴寄予厚望。由此，各地要尽快将乡村振兴规划编制出来，一方面要与国家和省级乡村振兴战略规划进行衔接，另一方面又要指导本县域内的乡村振兴各项工作，让乡村振兴战略能够扎实、有序地推行下去。

（三）整合和统领各专项规划

乡村振兴涉及产业发展、生态保护、乡村治理、文化建设、人才培养等多个方面，在相关的领域或行业中，都有着与之相对应的发展理念和目标任务。有些地方虽然已经制订了专项规划，但是这些规划仍不可避免会存在内容交叉、不协调等问题。通过对乡村振兴规划进行编制，我们可以在对各专项和行业规划进行有效整合的前提下，对乡村振兴的目标、任务、措施进行统筹安排，从而真正形成城乡融合、区域一体、多规合一的规划体系。

（四）优化空间布局，促进生产、生活、生态协调发展

长久以来，我国农业综合生产能力持续提高，为供给提供保障，为改善民生问题、推动经济增长助力。然而，农业和农村生产、生活和生态之间的矛盾也随着农业综合生产能力的快速发展而越来越突出，成为农业高质量发展的瓶颈。在制订乡村振兴规划的过程中，可以对农业和农村的空间结构进行整体统筹，对农业生产布局进行整体优化，这对促进形成与资源环境承载力相匹配、与村镇居住相适宜、与生态环境相协调的农业发展格局具有重要意义。

（五）分类推进村庄建设

随着我国农业和农村经济的持续发展，农村开始兴建住房，农民住房状况得到了很大的改善，但是"千村一面"的问题依然存在。在对乡村振兴规划进行编制的过程中，要对各地的地域特色、民俗风情、文化传承和历史脉络进行科学的把握，避免采用一刀切的模式，要注重保护乡村的多样性和差异性，使乡村建设各具特色和风格，提升乡村建设的整体质量和水平。

（六）推动资源要素合理流动

受城乡二元制度的制约，我国长期存在着劳动力、资本等资源要素集中于城镇的现象，导致了我国农村的"失血"与"贫血"现象的出现。在制订乡村振兴规划的过程中，要将城乡融合发展的要求落实到位，同时要将钱、地、人等关键因素纳入到计划之中，并制定出行之有效的措施，从而打破城乡二元体制的障碍，推动资源要素在城乡之间的合理流动和平等交换，改善农业农村发展条件，将发展中的短板补齐。

二、乡村振兴战略规划的功能

在乡村发展过程中，我们一直在两个方面进行不断的努力，一方面是适应乡村生产，另一方面则是方便乡民的日常生活。除此之外，还有乡村的生产、生活、生态、社会和文化等多重价值，它们共同支撑着乡村的和谐共处和可持续发展。乡村振兴需要通过保护和弘扬乡村传统文化及价值观来提高乡村的文化内涵和吸引力，而非简单地打造一个外表崭新的村庄。乡村振兴战略只有遵循乡村价值观，才能实现产业兴旺、生态宜居、乡风文明、治理有效和生活富裕的目标。如果不考虑乡村价值体系，投入的项目很可能难以与乡村社会相融合，成为无法融入整个体系的"项目孤岛"。因此，要在乡村振兴战略规划中首先考虑发现和科学认识乡村价值。

（一）生产与经济价值功能

在乡村地区，耕地保护、土地的综合利用以及实现更为精细化的耕作管理能够得到保障。另外，农村地区可以通过发展种植业和畜牧业确保农民生产和生活所需能量的可持续循环。乡村的存在是循环农业文化得以传承和发展的根源。乡村为庭院经济和乡村手工业的发展提供了适合的环境和条件。乡村产业资源包括村落形态与格局、田园景观、乡村文化以及村民生活、乡村环境，这些资源在推行乡村振兴战略的过程中是不可或缺的。

近年来，乡村旅游和特色农业的兴起证明了"保护生态环境就是创造经济财富"的观念是正确的，同时也充分展现了乡村建设是促进产业发展和提高农民生活水平的关键。要实现产业兴旺，必须实现多元化经营。种植、养殖、手工制作、乡村旅游等，这些都是乡村产业的重要组成部分，只有将它们整合起来，形成一个有机结合体，才能满足人们对于高品质生活的需求，实现产业的全面发展。

（二）生态与生活价值功能

乡村是一个完整的综合生态系统，它以村落地域作为空间载体，通过物质的循环、能量的流动和信息的传递等机制，将自然环境、经济环境和社会环境等方面有机地结合起来，为农民的生产和生活提供综合支持。乡村的生态价值不仅包括美丽的自然环境，还包括其内部的生态文明系统。自古以来，人们就尊崇天人合一的理念，将自然界视为自己的一部分，以庄重的态度对待自然，并善用自然界提供给人类的资源与智慧。这种观念让人类与自然界得以和谐共存。通过自给自足的消费方式，人们减少了对市场的依赖，并因农民需要而维护了生物多样性。适应自然的韵律、慢节奏的生活是对身心健康有益的生活方式。在乡村，人们在生态系统和生态文化的基础上，采取种养结合、循环利用等方式，实现低碳环保的生产生活方式，这反映了劳动人民在利用乡村资源方面的智慧。

乡村的舒适宜居不仅体现在其村落环境优美、设施配备齐全和民居建设完备，更体现于邻里和睦、群体闲暇活动丰富多彩，人们心情愉悦舒畅。因此，乡村被视为理想的社区，要适合养生、养老和放松身心。如果在乡村建设中忽视乡村的生态环境价值，并盲目效仿城市的建设模式，就可能会破坏农业循环链条，加重乡村垃圾问题，激化乡村人与环境、人与资源间的紧张关系。

（三）文化与教化价值功能

乡村治理和乡风文明的重要基石是文化和教化所蕴含的价值。中国乡村文化的独特之处不仅在于其山水风情独具特色、拥有独特的院落、村落以及风景如画的田园景象，更重要的是其所体现出来的信仰、道德价值观以及独特的习俗和品格。农业文化中的耕作规定、农耕传统、节庆习俗、地方知识和生活习性等实际应用中的元素，都表露出了人类与自然和谐共生、自然智慧的生存模式，这些元素对于保障食品供应、提供原料、增加就业、保护生态、推动旅游休闲、传承文化以及促进科学研究等方面都具有至关重要的意义。我们应该意识到，尊老爱幼、互帮互助、诚信守约、和睦相处等良好传统是推进乡村文明建设和有效治理的重要文化基石。村落的价值系统得以维系的方法有很多，比如通过农事活动、熟人交往、节日庆典、传统习惯、地方经验、民俗方式、村落舆论、村规民约、示范与模仿等。这些方法不仅可以加强人们的行为规范，而且可以以一种无声的方式渗透到人们的内心，最终转化为行为准则。

乡村振兴战略规划若缺乏对乡村特点和价值体系的认识，其结果自然是难以适应农民的生产与生活，更谈不上传承优秀传统文化。因此，在进行乡村振兴战略规划的制订过程中，要以提升乡村价值为前提，要努力寻求独特的乡村价值和提升其价值的方法。

提升乡村价值可以先放大乡村价值，比如发展具有鲜明地域特色的农牧产业和手工产业等。这些产业因为有着明显的地域特征而无法被复制和替代，它可以将地方特色与品牌价值凸显出来，还可以在扩大农业和乡村职能范围的同时，将它的经济价值发挥出来。另外，也可以通过为乡村系统赋予新的价值和新的功能来实现乡村价值的提升，比如发展文、旅、农融合产业，把乡村生态、生活、教育等价值转化为财富资源，发展乡村休闲、观光、体验等新兴产业。

乡村振兴欢迎新鲜血液的注入，外来人可以帮助乡村发现其特有价值，并利用乡村价值为乡村造福。外来资金可以帮助乡村做想做而做不成的事情，为乡村注入新的动力。但是要注意的是，乡村的主体性和农民的主体地位不容取代和削弱，在引入外来人才和资金时要以农民的主体地位和乡村价值为前提，这是实现乡村振兴目标的关键。

三、乡村振兴战略规划的重点

（一）发挥国家规划的战略导向作用

各部门各地区编制乡村振兴战略规划，应该注意发挥《国家乡村振兴战略规划（2018—2022年）》（以下简称《国家乡村振兴规划》）的战略导向作用。习近平新时代中国特色社会主义思想，特别是以习近平同志为核心的党中央关于实施乡村振兴战略的思想，是编制乡村振兴战略的指导思想和行动指南，也是今后实施乡村振兴战略的指路明灯。《国家乡村振兴规划》应该是各部门、各地区编制乡村振兴规划的重要依据和具体指南，它不仅为我们描绘了实施乡村振兴战略的宏伟蓝图，也为实施乡村振兴战略细化实化了工作重点和政策措施，部署了一系列重大工程、重大计划和重大行动。各部门、各地区编制乡村振兴战略规划，既要注意结合本部门本地区实际情况，更好地贯彻《国家乡村振兴规划》的战略意图和政策精神，也要努力做好同《国家乡村振兴规划》工作重点、重大工程、重大计划、重大行动的衔接协调工作。这不仅有利于推进《国家乡村振兴规划》更好地落地，也有利于各部门各地区推进乡村振兴行动，更好地对接国家发展的战略导向、战略意图，并争取国家重大工程、重大计划、重大行动的支持。

为及时协调处理发挥国家规划战略导向作用与增强地方规划发挥指导作用间的矛盾，建议各地尽早启动乡村振兴规划编制的调研工作，并在保证质量的前提下，尽早完成规划。县级规划还要待省、地市规划发布后，再尽快做好对接协调工作。按照这种方式编制的地方规划，不仅可以保证国家规划能够结合本地实际更好地落地，也可以为因地制宜推进乡村振兴的地方实践及时发挥具体行动指南的作用。当然，在此过程中，为提高地方乡村振兴规划的编制质量，要始终注意认真学习以习近平同志为核心的党中央关于实施乡村振兴战略、关于建设现代化经济体系的系列论述和决策部署，并结合本地实际，进行创造性转化和探索。

发挥国家规划的战略导向作用，还要拓宽视野，注意同国家相关重大规划衔接起来，要以制定具有战略性、基础性和约束性的规划为基础，统筹管理各类规划，实现系统的衔接，建立城乡融合、区域一体、多规合一的乡村振兴战略发展体系，如国家和省级层面的新型城镇化规划，应是编制地方乡村振兴战略规划的重要参考。建设围绕城市群的大中小城市与小城镇协调发展的格局，促进农业转移人口的市民化。要构建出一个能够彰显优势、协调联动、实现区域良性互动、城乡融合发展、陆海统筹整体优化的城乡建设发展体系，实现城乡资源互补和协调发展。

在乡村振兴规划的编制和实施过程中，要结合增进同新型城镇化规划的协调性，更好地引领和推进乡村振兴与新型城镇化"双轮驱动"，更好地建设彰显优势、协调联动的城乡区域发展体系，为建设现代化经济体系提供扎实基础。

特别需要注意的是，各部门各地区在编制乡村振兴战略规划时，必须高度重视将国家和省级主体功能区规划作为基本依据。2017 年 8 月，习近平总书记主持召开中央全面深化改革领导小组第三十八次会议，审议通过了《关于完善主体功能区战略和制度的若干意见》，提出建设主体功能区是我国经济发展和生态环境保护的大战略；对主体功能区战略和制度进行完善，要充分发挥主体功能区在国土空间开发保护中所起到的重要作用，加快在市县层面建设主体功能区的战略格局，实现不同主体功能区的差异化、协调化、可持续化发展，建立健全机制改革和法治建设，以促进开发保护国土空间、革新国家空间发展模式。[①]《中共中央国务院关于完善主体功能区战略和制度的若干意见》（中发〔2017〕27 号）已经发布。各部门各地区编制的乡村振兴战略规划要以主体功能区规划和相关战略、制度为基本遵循，遵守其划定的"三区三线"，统筹城乡国土空间开发格局，将强化空间用途管制和优化城乡布局结构、乡村功能布局结构结合起来，统筹城乡生产空间、生活空间、生态空间，优化乡村生产空间、生活空间、生态空间布局及其内在关联，高效利用生产空间，营造宜居的生活空间和生态空间。

---

① 习近平主持召开中央全面深化改革领导小组第三十八次会议强调 加强领导总结经验运用规律 站在更高起点谋划和推进改革 [J]. 党建, 2017 (09): 10, 28.

（二）提升规划的战略思维

目前我国面临的重大历史任务全面建设社会主义现代化国家，乡村振兴战略的实施是其中十分重要的一个环节。《国家乡村振兴战略规划（2018—2022年）》不同于以往的一般规划，尽管这个规划只是五年内国家对于乡村振兴战略的规划，但其对我国到2035年基本实现社会主义现代化、到21世纪中叶建成富强民主文明和谐美丽的社会主义现代化强国的目标都具有指导意义，对我国实现乡村振兴战略的远景也会进行战略谋划，甚至在2018年的中央一号文件中对于到2035年、2050年推进乡村振兴的目标任务也都进行了规划。乡村振兴是一项长期性的历史发展任务，要做到科学规划、高质量建设、脚踏实地，不能只追求速度。实施乡村振兴战略既要尽力而为，又要量力而行，不搞层层加码，不搞一刀切，不搞形式主义，要久久为功，扎实推进。可见，在编制乡村振兴规划的过程中，要特别注意体现其战略性，做好突出战略思维的大文章。当然，有人说，举凡规划，谋划的必然是战略问题。本书无意否认这一点，只是强调乡村振兴战略规划以"战略规划"冠名，应该更加重视战略思维。

将战略思维运用到编制规划和实施规划的过程中，就要做到避免一味按照既定方针办，而是要追求创新、突破和超越，要科学把握面向未来、吸收外来、扬弃以来的关系，增强规划的前瞻性。许多人在制订战略规划时，习惯于惯性思维，从现在看未来，甚至从过去看现在，先考虑当前的制约和短期的局限，习惯于按照过去的趋势推测未来，这在设计规划指标的过程中最为明显。这不是战略，充其量只能算战术、推算或可行性分析。按照这种方式编制规划，本身就是没有太大意义的事。按照这种思维方式考虑规划问题，很容易限制战略或规划制定者的想象力，束缚其思维空间，形成对未来发展的悲观情绪和消极心理，导致规划实施者或规划的利益相关者对未来发展缩手缩脚，难以办成大事，也容易导致大量的发展机会在不知不觉中溜走或流失。

战略需要大思维、大格局、大架构，战略制定者需要具备辩证思维、长远眼光。当然此处的"大"绝非虚空，而是看得见、摸得着，经过不懈努力最终能够实现的。真正的战略不是从过去看未来，而是采用逆向思维，从未来的终局反过来看当前的布局，从未来推导现在，根据未来的战略方向决定当前如何行动。好的规划应该拥有这种战略思维。因此，好的战略规划应该具备激发实施者、利益相关者信心的能力，能够唤醒其为实现战略或规划目标努力奋斗的激情和热情。好的战略规划，往往基于未来目标和当前、未来资源支撑能力的差距，看挖潜改造的方向，看如何摆脱资源、要素的制约，通过切实有效的战略思路、战略行动和实施步骤，不断弥合当前可能与未来目标的差距。借此，拓展思维空间，激活发展动能，挖掘发展潜力。惯性地参照过去是人们给自己设置的最大障碍，因此战略就是要摆脱现有资源的限制，远大的战略抱负一定是与现有的资源和能力不对称的。

好的战略意图要给人带来方向感、探索感和共同的命运感。方向感很容易理解，但从以往的实践来看，有些地方规划的战略思维不够，难以体现战略性要求。要通过提升规划的战略思维，描绘出未来规划发展的蓝图和目标，告诉人们规划的未来是什么，我们想要努力实现的规划图景如何。为了实现这种规划图景，今天和明天我们应该怎么做。鉴于规划的未来和当前的现实之间可能存在巨大的资源、要素和能力缺口，应该让规划的实施者想方设法去努力实现这些规划的未来目标，形成探索感。如果把规划的未来目标比作吃到树上可口的苹果，那么这个苹果不是伸手可及的，应是经过艰苦卓绝的努力才能吃到的。那么，怎么努力？是站在板凳上去摘，还是跳着去摘？要通过博采众智、集思广益、创新规划、智慧地去实现这种努力。探索感就是要唤起参与者、组织者的创新创业精神和发展潜能，发现问题，迎难而上，创造性地解决；甚至在探索解决问题的过程中，增强创造性地解决问题的能力。共同的命运感就是要争取参与者和组织者成为命运共同体，形成共情效应，努力产生风雨同舟、上下齐心的共鸣。如在编制和实施乡村振兴战略的过程中，要注意在不同利益相关者之间形成有效的利益联结机制，激励大家合力推进乡村振兴，让广大农民和其他参与者在共商共建过程中有更多的获得感，实现共享共赢的发展。

重视规划的战略思维，就要在编制和实施规划的过程中做到尽力而为、量力而行，在增强信心的同时也要保持耐心，既要加快规划的制定和实施进程，也要做到在推进进程时循序渐进，同时也要制定开放、包容的乡村振兴规划。增强规划的开放性，要注意提升由外及内的规划视角，综合考虑外部环境变化、区域或城乡之间竞争—合作关系的演变、新的科技革命和产业革命，甚至交通路网、信息网发展和转型升级对本地区本部门实施乡村振兴战略的影响，规避因规划的战略定位简单雷同、战略手段模仿复制，导致乡村振兴区域优势和竞争特色的弱化，进而带来乡村振兴的低质量发展。

增强规划的包容性，不仅要注意对不同利益相关者的包容，注意调动一切积极因素参与乡村振兴；还要注意区域之间、城乡之间发展的包容，积极引导部门之间、区域之间、城乡之间加强乡村振兴的合作。如在推进乡村产业兴旺的过程中，引导区域之间联合打造区域品牌，合作打造公共服务平台、培育产业联盟等。实际上，增强乡村振兴规划的开放性和包容性，也有利于推进乡村产业振兴、人才振兴、文化振兴、生态振兴和组织振兴"一起上"，从而更好地坚持乡村全面振兴，实现乡村振兴的协同发展、整体发展，在开放、包容的环境下，发掘乡村的多种功能和价值，以区域特色和独特竞争优势推动乡村振兴进程。

（三）丰富网络经济视角

当今世界，随着全球化、信息化的深入推进，网络经济的影响日益深化和普遍化。根据梅特卡夫法则，网络的价值量与网络节点数的平方成正比。也就是说，网络中的节点数是呈算数级增长的，网络的价值就会随之以指数级增长。新的网络用户的加入会使网络上所有用户的价值都得到一定的提升。网络用户的增多，会导致网络价值的总量迅速膨胀，并进一步带来更多新的用户，产生正向反馈循环。网络会鼓励成功者取得更大的成功，这就是网络经济学中的"回报递增"。如果说传统社会更关注对有形空间的占有和使用效率，那么网络社会则更关注价值节点的分布和链接，在这里关系甚至比技术质量更重要。按照网络经济思维，要注意把最合适的东西送到最合适的人手中，促进社会资源精准匹配。

随着交通路网特别是高铁网、航空网和信息网络基础设施的发展，在实施乡村振兴战略的过程中，如何利用网络效应、培育网络效应的问题迅速凸显出来。任何网络都有节点和链接线两类要素，网络功能是二者的有机结合、综合作用的结果。在实施乡村振兴战略的过程中，粮食生产功能区、重要农产品生产保护区、特色农产品优势区、农村产业融合示范园、中心村、中心镇等载体和平台都可以看作推进乡村振兴的网络节点,交通路网基础设施、信息网络基础设施都可以看作推进乡村振兴的链接线;也可以把各类新型经营主体、各类社会组织视作推进乡村振兴的网络节点,把面向新型经营主体或各类社会组织的服务体系看作链接线;把产业兴旺、生态宜居、乡风文明、治理有效、生活富裕等五大维度,或乡村产业振兴、人才振兴、文化振兴、生态振兴、组织振兴等五大振兴作为推进乡村振兴的网络节点,把推进乡村振兴的体制机制、政策环境或运行生态建设作为链接线,这也是一种分析视角。在实施乡村振兴战略的过程中,部分关键性节点或链接线建设,对于推进乡村振兴的高质量发展,可能具有画龙点睛的作用。在编制乡村振兴战略规划的过程中,需要高度重视这一点。

如果推进乡村振兴的不同节点之间呈现互补关系,那么,在网络效应还没有形成时,推进乡村振兴所开展的重大节点项目工程或活动很可能并不能收获较为理想的单项直接效益;但当网络效应初步显现之后,这些重大节点项目工程、行动之间将会实现资源、要素、市场或环境等的紧密联系,形成一种互相依存、互相支撑、互惠互利的关系,不同节点之间产生巨大的经济、社会、生态和文化价值,同时带动乡村价值的提升。在这样的发展背景下,在对某些关键性的节点项目建设进行投资时,应把重心放在网络建设上,实现网络价值的最大化。当然,如果推进乡村振兴的不同节点或链接线之间呈现互斥关系,则部分关键性节点或链接线建设的影响可能正好相反,就要防止其导致乡村功能价值迅速贬值。

在编制和实施乡村振兴战略计划时,培育网络经济视角,对于完善乡村振兴的规划布局,更好地发挥新型城镇化或城市群对乡村振兴的引领、辐射、带动作用具有重要意义。要提高大中小城市的网络化建设水平和质量,吸引并承载更多的农业转移人口。注意通过在城市群内部培育不同类型城市之间错位发展、分工协作、优势互补、网络发展的新格局,带动城市群质量的提高,更好地发挥城市群对解决工农城乡发展失衡、"三农"发展不充分问题的辐射带动作用。也要注意引导县城和小城镇、中心村、中心镇、特色小镇甚至农村居民点、农村产业园或功能区,增进与所在城市群内部区域中心城市(镇)之间的分工协作和有机联系,培育网络发展新格局,为带动提升乡村功能价值创造条件。

第二章 乡村旅游与乡村振兴

众所周知,乡村旅游和乡村振兴存在紧密的联系。本章为乡村旅游与乡村振兴,主要包括三个方面的内容,分别是乡村旅游的概述、乡村旅游的发展,以及乡村旅游与乡村振兴的双向推动。

第一节 乡村旅游的概述

一、乡村旅游的定义

由于学术界对乡村旅游进行理论研究的时间并不长,因此无论在国外还是在国内,对乡村旅游都还没有一个统一的为所有人都接受的定义。与乡村旅游相近或者相关的概念也提出过不少,如农家乐、观光农业、休闲农业、农业旅游、农村旅游、民俗旅游等。那么究竟要如何给乡村旅游下定义呢?首先要介绍一下"乡村"和"旅游"这两个概念。

从广义上说,"乡村旅游"是指在农村地区进行的旅游活动。其中的"乡村",在这里指的就是旅游活动的场所特征,是一个与城市相对的空间概念,而所谓的"旅游",就是一种具有自然性质的活动,它并不是指到农村去从事农业生产,也不是到农村去做调查研究等,它是指到农村去观光、休闲、体验、度假等。

从纯粹的空间划分来看,乡村的概念还有广义和狭义之分,广义的乡村就是相对于城市而言的其他区域。也就是说,整个空间被分为城市和乡村这两个部分,这是一种简单粗糙的划分方式,比如浩瀚无边的海洋、茫茫无际的沙漠、人迹罕至的原始森林,这些空间区域都不属于城市的范畴,而将其作为乡村也是不对的。因此狭义的乡村概念应该是相对于城市而且有人生产和生活的空间地域。这样,整个空间就被划分为城市、乡村以及（无人生活的）自然区域三部分。乡村旅游中的乡村指的就是这种狭义的乡村地域。

乡村之于城市，虽然都是人类生产和生活的空间，但却有着明显的不同于城市的特征，比如人口密度小、自然环境好、文化相对传统、主要以传统农业为经济支柱等等。当然，这些特征都是区分城市与乡村的定性指标，目前还未见到一套严格的划分城市与乡村的定量指标体系。因此，对乡村的认定一方面要依据我国的行政区划来确定，另一方面要依据公众的认可来判断。根据我国的行政管理体制，县以下叫乡（镇），所以，一般来讲，比县城更小的社区以及村寨可以称为乡村。但随着我国农村经济的快速发展，城镇化建设步伐的进一步加快，一些县乡（镇）已经城市化了，已经明显不具有乡村的特征了，这一点在东部沿海地区尤其突出。反之，在我国西部欠发达地区，不少县城依然具有典型的乡村特征，相对于东部以及大一点的城市，这些县城还具有一定的乡村性。因此，我国行政区划所规定的县城以及乡（镇）只是划分乡村的一个基本参考依据，一个区域是否属于乡村，关键是看它是否具备乡村的明显特征，也就是所谓的乡村性。由此可见，我们这里的乡村概念，不仅是一个空间概念，而且还包含了文化的属性和特质。

乡村旅游还不完全是在乡村地区所进行的旅游，在一些乡村地区的周边建有风景区和度假区，但纯粹到这些风景区去旅游（如纯粹到云南九乡风景区去旅游）就不是乡村旅游，到这种度假区去度假也不能称之为乡村旅游。纯粹到乡村附近的自然保护区、原始森林、高山、河流等地进行的自然旅游和探险旅游等也不能叫乡村旅游。"乡村"是有人生产和生活的聚落，而这里的人就成了关键的因素，这里的人应该是农民、牧民或渔民等，我们不妨称之为"乡村人"，而人之所以称为人，人区别于一般动物的关键在于文化，乡村区别于城市的关键也在于文化的不同，所以乡村性的本质是乡村人所创造的乡村文化。乡村文化主要表现在两个层次上：一是有形层次上，二是无形层次上。"有形"的乡村文化表现为乡村建筑、服饰、饮食、农田、果园、生态环境等物质形式；"无形"的乡村文化是一种"隐形"的精神层次，如乡村制度、民俗等。乡村文化在乡村旅游中起着举足轻重的作用。因此，"乡村旅游"不是简简单单指发生在乡村的旅游，更是指以乡村文化为内核的旅游。

最后，乡村旅游还应该包括一个重要的条件，即乡村所在地的居（村）民，应该分享到开展乡村旅游所带来的经济以及社会等方面的好处（收益）。为此，乡村旅游应该是当地居民参与投资或者接待（服务）的一种旅游。没有乡村当地居民的参与或者乡村当地居民没有从旅游中得到利益的旅游也不能称为乡村旅游。

因此，乡村旅游的乡村包含着三个部分的内容：一是乡村区域，这是进行旅游活动的场所和空间；二是乡村文化，也就是乡村性，这是吸引游客的主要吸引物；三是乡村居民，就是乡村旅游的受益人。

总结来说，乡村旅游就是在乡村或乡村周边进行的，一种以乡村文化为主要旅游资源，并且能够为乡村居民带来收益的旅游活动。乡村地区、乡村文化以及使当地村民受益是乡村旅游的三个必要条件，缺少了其中任意一个条件的旅游都不是乡村旅游。反之，只要同时具备这三个条件的旅游就可以称为乡村旅游。

二、乡村旅游的特点

乡村旅游是指在乡村地区进行的所有具有乡村性特征的旅游活动，探讨乡村旅游的特征应紧密围绕乡村旅游的乡村性而展开，才能得到关于乡村旅游的本质和核心特征。

乡村旅游归结到底属于一种旅游形式，因此其具有旅游的一般特点，但是乡村旅游又具有独特性，因此也会彰显出自身的独特之处。

（一）休闲性

众所周知，乡村旅游是人们对不同生活的体验，是一种放松心情的活动形式，因此乡村旅游具有明显的休闲性，这可以从以下三点来理解。

第一，旅游行为经常发生，尤其在节假日或者双休日，一些城市的居民会到乡村旅游，作为调节自身生活的一种选择。

第二，乡村旅游的游客多居住在附近不超过 1—2 个小时车程范围，这是由于受双休日时间的限定以及出行手段的影响。

第三，乡村旅游的旅游者多是自我组织的，即其与团队旅游存在明显的差异，乡村旅游者主要是为自我服务的，往往是以家庭或者亲朋为单位。

（二）以自然环境为基础的乡村性生态景观

一般情况下，乡村的自然风光非常独特，人口也是相对较少的，这是因为工业化程度比较低，保存着原有的生态环境，并且乡村地区的文化模式、生活方式等也都保有自然的状态，实现了人与自然的统一。我国乡村地区是非常广阔的，而且有着多样的物种，再加上受工业的影响比较小，因此多数地区保留着风土人情与乡风民俗，这些成了乡村旅游活动的独特特点，是其他无法比拟的。

中国传统的乡村地区，其周边环境与城镇有着极大的不同，如居民散居，人口密度小；土地主要为农业生产用地，具有乡村型的自然景观。从人与自然关系的角度上讲，乡村是更接近自然的地方。乡村景观则是人类长期适应和改造自然的结果，它既保持了自然的原始风貌，又有特定的风土人情。乡村易使旅客产生忘却尘世、远离世俗烦扰、回归自然人的感受，这也符合中国传统的休闲观念和返璞归真的人性本能。

乡村鲜明的乡土特色是有别于都市的最大特征，这也就是乡村的乡村性所在。这种乡村性，既有由历史传承而来的表态景观，又有因乡村居民的生产生活而衍生的乡村文化。

（三）以乡村文化为主体的民风民俗

乡村文化的精髓，深入地体现在乡风民俗中。在乡村中，虽然地区分布散，各家各户都是独门独户，但邻里关系的亲密度却远非城市所能比拟。这些质朴的乡风也感染着从城市而来的旅游者，让他们体验到了与城市不同的文化氛围，这也是吸引人们进行乡村旅游的一个重要的吸引点。

乡村能够引发人们的乡愁、吸引人们寻找心灵的归宿，是旅游发展的资源、载体和主要吸引物。天、地、人和谐为当地的农业生产和农民安居提供基本保障，而对于乡村民俗风情、自然风光和乡村美景等乡村文化的传承与保护，则关乎农业生产和农民生活的本真性。乡村旅游的价值即蕴含在传统人文与自然结构之中。

（四）本真性的旅游体验

本真性或原真性，就是指乡村中天人合一的自然环境和健康、朴素、简单的生活方式。乡村的农业生产和农民生活方式的本真性是乡村旅游的本质。

单一的乡村旅游活动并不能让游客感到满意，当游客全面而直接地接触到乡村生活的形态时才能真正体验到乡村旅游的魅力，特别是与乡村居民的人际交往经验，更易令旅客保持对乡村文化及其价值的信念。故无论环境载体，抑或吸引游客的"乡村性"，皆应具备本真性特点；传统本真的乡村生活和乡村环境才是最可贵、最具吸引力的旅游资源。本真性的乡村旅游体验，既让旅游者真正感受到真实的乡村生活，同时也有利于保持乡村的特质，避免乡村文化被城市文化涵化而引发的乡村特质的流失，从而实现乡村旅游的可持续性健康发展。

现阶段发展乡村旅游，不仅是为了满足人民日益增长的精神文化需求与休闲需要，更担负着乡村振兴的战略使命。开发乡村旅游对促进乡村振兴具有重要的战略意义。乡村作为城市的对应面，往往是经济相对落后的地方。发展乡村特色产业是乡村旅游的重要功能之一。乡村旅游，是实现一二三产业的融合，促进乡村产业结构调整，带动农村经济发展，提高农民的收入，改变乡村落后面貌，实现城乡一体化的有效途径。可以说，乡村旅游在带动整个地区的经济发展上，所具有的经济效益显著。除了显著的经济效益，通过发展乡村旅游，还可以强化生态环境保护，促进乡村可持续发展；提高村民的文明程度，促进乡村精神文明建设；同时对乡村文脉的保存、特色民俗风情的展示都起着不可低估的作用，综合效益明显。

乡村旅游是旅游业发展的新领域，也是发展农业的新途径。乡村旅游投资相对较少，风险亦较小，发展乡村旅游，既能创造更好的经济效益，又能收获良好的社会和环境效益。概括而言，乡村旅游的特征，就是以自然环境为基础的乡村性生态景观特征、以乡村文化为主体的民俗风情、原真性的乡村旅游体验与综合效益突出。

三、乡村旅游的要素

乡村旅游的活动场域是乡村，故乡村性是其整体发展之核心。乡村旅游的特点相比于城市旅游更易突显，乡村的自然风光、特色民俗、独特饮食、民居建筑和能够体验的传统劳作方式都能让游客体验到返璞归真、亲近自然之感，这正与城市旅游相对。通过乡村旅游，让城市居民了解不同的乡村样态和乡村文化，如此方知如何发展乡村旅游及其所应具备的要素。

（一）饮食要素

俗话说，民以食为天。对于吃，各地乡村旅游除了要能够提供有机、安全、健康的这类具有普遍性特征的农家饭（图2-1-1）之外，还要重点体现出传统地道的乡菜，即要能够提供本地所特有的农家特色的当地食品，尤其是取自大自然的当地野生特产，其他地方没有或者不常见的野味等，以此为核心竞争力进行当地乡村旅游饮食品牌的打造。

图 2-1-1　农家饭

当前，我国的农家菜肴的特点有：烹饪食材新鲜、烹制手法传统简单、用餐环境田园化等，但是也存在着很多问题，如产品同质化严重、整体服务水平低下等。在发展乡村旅游餐饮产业时，应该深挖当地的风味，推出色香味俱全的地方特色菜肴。每一家农家餐厅都可以开发自己的特色招牌菜肴，这样才能具有经营农家餐厅的核心竞争力。在让游客的口腔享受到自然滋味的同时，还为游客提供干净、优雅的用餐环境和热情、细致的服务，通过富有创意的用餐方式，让游客的用餐体验变得更加丰富。

（二）住宿要素

在住宿方面，要积极发展特色民宿，对乡村旅游住宿的软硬件水平进行规范和提升（图2-1-2）。在乡村旅游中，住宿是很重要的一环，在此，人们关注的是：是否有安全的居住环境和良好的隔音效果；室内温湿度是否适宜；床铺是否宽敞舒适，床上用品的用料是否讲究；是否能在较短的时间内享受热水浴，水量是否充足，温度是否适宜且可调节；是否有良好的通风设备。

图2-1-2 乡村住宿

大部分来乡下度假的人都是城市居民，他们长期在城市居住，对各类旅馆房间都很熟悉，而在乡下，他们想要的是一种与城市不同的睡眠方式，所以他们所期望的乡村建筑风格是具有鲜明乡村特征的，要与周围的自然环境融为一体，不管是石头城堡，还是草屋小木屋，或者是青砖灰瓦的小楼、小面积的庭院，都要与城市里的摩天大楼形成鲜明的对比，每一个小建筑都要像一件天然的艺术品，与周围的环境融为一体，浑然天成。

乡村住宿环境的布置、装饰设计、物品摆放位置、电器设施配置、员工服饰、布草纹样、赠品礼品等都应该具有鲜明的乡村特色和自然生态特色，将文化概念融入房间的装饰中，与乡村旅游的主题和市场定位相吻合，这样既能提高品质感和档次，也能让游客体验到与城市不同的睡眠空间和感受，把睡眠也看成旅游休闲的重要组成部分。

（三）交通要素

旅游市场的形成需要游客的光顾，因此快捷便利的交通也就成了旅游资源开发的必要条件。没有便捷的交通，就不太可能形成旅游市场，就更不用说形成规模化和长期发展的旅游经济；或可以说，旅游源的吸引力的大小，很大程度上受交通条件的制约，甚至决定旅游资源开发及效益。

一般来说，乡村旅游地的道路交通多为乡间小道，其道路的承载力有限。乡村旅游多面向近距离的城市居民，往往这一部分人多为自驾游，这对普通的乡间道路而言，是一个不小的挑战。一旦游客数量太多，车辆过多的情况下就很容易造成交通的拥堵，导致旅游体验不佳。故乡村旅游地在开发规划阶段就应该以进得去、出得来、散得开为基本要求，尽可能构建较完善快捷、高效的交通网络布局（图2-1-3），既能体现出交通的便捷，又要在道路的设计上体现出乡村的特色，让游客获得更加良好的道路交通体验。

图 2-1-3 乡村交通

(四)体验要素

乡村旅游日益普遍,那些较成熟和固定的乡村旅游点和项目,已逐渐不能满足较多游客的体验需求,因此旅游产品和项目的多元化和差异化,也就逐渐成为发展乡村旅游的新要求。目前国内乡村旅游的产品和项目,主要有民俗村、采摘园、观光农园、渔家乐和农家乐等,但这些形式只能满足游客的基本旅游需求,而在休闲、健身、娱乐、体验等方面有所欠缺,所以乡村旅游必须向更高层次的旅游消费和体验转型,即乡村旅游必须升级。

乡村旅游地宜强化市场分析与定位,构建差异化及具有地域特色的旅游项目和品牌,如通过统一形象识别系统为游客传达诉求、理念、行为及标志等,以获得认同。这方面,浙江富阳新沙岛的农家乐园,可以说是一个典范。该园建筑不够现代化,又缺少珍贵文物,却可以吸引到众多国内外游客,这在于其对自身的农家生活的真实情趣和当地的文化内涵进行了充分的发掘,具有自己独特的风格。如推出农家牛车作为进村交通工具,使游客体验到旅途时间也是旅游由头。这一参与性活动,可以使游客体会到更多的乡村旅游之乐趣。

农业活动是人类亲近自然及归依自然法则的桥梁。乡村旅游项目中设置家事活动,更易提升游客的参与度,使久居城市的人们真正体验农耕快乐,体味亲近自然生活的乐趣。农业活动设计可从以下几个案例中获取灵感,如"农夫的一天"真人秀,根据旅游的实际节气进行相应的农业劳作,由一个农夫或一户农民对一天的劳作进行表演,再让游客与农夫一起体验;"村里劳模大赛"是将游客分到若干个村,进行挑水、插秧、剥玉米、推独轮车等劳作活动的体验,就是小朋友也可以参加拔萝卜、挖土豆、捡鸡蛋等活动来体验乡村劳作。夜间乡村生活体验:组织当地村民与夜宿乡村的游客树下乘凉夜话或者篝火晚会等活动,夜话内容可以根据当地乡村村民特色民俗开展,进行完整的体验乡村一日生活。

(五)文化要素

乡村旅游的特色基于本土或当地文化,即本土文化传统之积淀及其体现形式,这也是乡村美的高级体现形式。乡村旅游应不仅仅是获得经济效益,尤其应承担保护、传承乃至更新本土文化的使命,即发挥文化引领功能,助力农村全面进步。

乡村旅游的魅力主要来自于乡村的本土文化，所以在发展乡村旅游时不仅要注意保护原生态的自然环境，也要注重传承当地原汁原味的乡村民俗和乡村文化，讲好乡村故事，保护好乡村文化的核心，让传统乡村文化得以传承，以乡村旅游的发展成果促进乡村文化振兴。另外，培养现代化的当代村民，在保持原有文化特色的基础上形成新的价值理念，促进乡村文化的振兴。

只有挖掘、整合乡村特色文化，才能真正形成特色旅游项目和产品，这也是乡村旅游目的地建设的首要问题。开发和包装乡村自然景观、人文传统和民俗风情，融民间文化、饮食文化、生态文化于旅游项目中，举办乡村文化节、相亲游园活动、休闲赏月、红色之旅、农家娱乐及参与活动等，用丰富多彩的文化形式吸引游客；打造山地运动、农耕文化、民间工艺和乡村民俗等主题鲜明的旅游聚居区，将传统旅游资源由单一利用向综合利用过渡，也将单一旅游目的与活动转型为复合型旅游活动，以提升乡村景区格调和层次，进而增强其核心竞争力。

在发展乡村旅游时，要强化农耕文化、民俗文化、少数民族特色和传统文化等文化要素，提高乡村旅游的文化内涵；鼓励和支持对乡村文艺创作进行开发，打造出具有当地文化特色的文化精品，建立自己的品牌，在凸显文化特色的同时也能促进乡村旅游的发展。

（六）社区参与要素

农民是乡村的主体。在推动乡村旅游发展的过程中，我们应该关注的不仅是如何提升乡村文明程度，更应该注重通过改革农村土地制度和重组生产方式，充分发挥农民的主体作用，提高社区参与度，从而推动乡村治理体系和社会关系的重塑。在乡村旅游发展中，社区合作精神是不可或缺的重要因素。这种精神可以帮助创建或保持原有的共享价值观和乡村的独特性，从而推动旅游业的可持续发展。

旅游开发是一种博弈，在这个过程中，资源的分配和利益的平衡是关键，同时也需要进行利益和责任的分配承担和社区建设。在旅游开发过程中，秉持并传承地方特色文化，倡导区域资源和利益的共享，能够有助于各方相互协作，建立共同的认知，并减少开发带来的障碍，从而培育积极的市场和旅游氛围。在规划和设立乡村旅游项目时，必须充分考虑当地居民的经营需求，确保派生出的项目能够为当地居民提供经济机会。在此过程中，必须优先考虑当地居民，建设项目包括但不限于一般经营和环境治理等项目。根据不同地区的民俗习惯，设计相应的文化产品，这样可以保护当地的文化遗产，同时也可以吸引当地有相关特长的居民参与开发设计，充分利用当地的资源特色，推动旅游商品的发展。还可以根据当地农业生产的特点发展农业观光园，发挥本地居民的天赋，充分利用自有资源，实现旅游产品的多样性。利用区域传统文化和现代休闲文化相融合的方式，丰富旅游休闲设施和体验项目，提高旅游区的品质和水平，延长游客的停留时间。

在不同的乡村地区，发展程度存在着差异，因此在开发乡村旅游时需要因地制宜，根据实际情况来制订具体的发展计划。较发达地区注重发展乡村旅游，促进产业升级，同时提高社会和经济效益。在其他地区，注重推进旅游致富计划，以进村入户为重点，以帮助当地民众通过发展旅游业致富为目标，以期获得有效成果。在县级市和乡镇发展乡村旅游要注重因地制宜，发扬优势，完善不足，走特色发展之路，通过集中发展、高质量发展和高效能发展，促进农村全面振兴。

乡村旅游的发展是农业和旅游业之间的一种相互渗透和融合，这不但可以丰富旅游活动的内容，更主要的是还可以将旅游延伸到农业产业部门，让旅游能够带动农业的转型和升级，服务于农业，为农业发展注入新鲜血液。乡村旅游的发展规划，宜创新思维，融合创意元素和多元方法，打造满足游客追寻乡野生态和人文风情、深度体验休闲需求的乡村。创新没有模式，更没有边界。只有符合潮流趋势，迎合游客喜好的创意产品和品牌，才是乡村旅游具有持久魅力的根本。乡村旅游的发展规划，要兼顾社会、经济、文化、生态等各方面的发展，照顾到村民、社区、游客等各方利益，使乡村的吃、住、行、游、购、娱、品、文化、服务、社区等协同发展，实现乡村旅游的特色化、专业化及规范化发展。

四、乡村旅游的环境

（一）旅游环境

1. 旅游环境的概念

站在旅游环境的中心、旅游环境涉及的范围和旅游环境包含的内容的角度，来对旅游环境进行定义：旅游环境是与旅游目的地、旅游依托地紧密联系的，包括自然生态环境和人文生态环境的以游客为中心的复合旅游环境。

2. 旅游环境的分类

（1）自然生态环境：水系、地貌、气、土壤、生物等。

（2）人文生态环境：建筑、聚落、服饰、语言、精神风貌等。

（3）自然与人文相结合的环境：农田生态系统、果园生态系统等。

3. 旅游环境的特点

景区景点借助自然、人文风情营造了一种旅游氛围，这种环境是在自然和人文生态环境基础之上形成的人工旅游环境。旅游环境质量应明显高于、优于一般环境的质量，旅游环境具有时间和空间上的多变性（在自然力和人为干扰的作用下，旅游环境会朝着相反的两个方向演化）。

（二）乡村旅游的环境分析

1. 乡村地域的界定

在城市化快速发展的今天，城市与农村的边界日益模糊。随着行政界限、户口政策等人为的城乡边界逐步被打破，如何定义农村变得更加困难，因此，许多研究者使用城乡结合部、城乡交错带等概念来代替具体的城乡边界。

通常，可从下面几个方面来进行判定：用地类型（大农业用地）、生产方式（大农业）、经济来源（第一产业）和乡村文化。如果说，文化是人类对环境的生态适应，那么，乡村文化是农民对乡村环境的生态适应，乡村文化会随着乡村环境的改变而改变；乡村环境向着城市环境演变，同时乡村文化也就向着城市文化转变，比如建筑类型、生活方式等。

2. 乡村旅游的环境内涵

从生态环境尺度角度出发，乡村旅游环境包括宏观环境和微观环境两个部分，有较为丰富的内涵。

（1）乡村旅游的宏观环境

乡村旅游的宏观环境是指大尺度的景观以及这些景观在乡村中的整体结构布局，能够反映出当地的特色。其包括水域、农业用地、居民住宅用地、道路水渠等公共用地、绿化用地等的比例和结构以及农耕文化、社会风貌、聚落风貌等乡村文化。

①经济环境

乡村旅游的规模和程度取决于所在地区的社会经济发展水平和地区综合国力。同时，这些因素也会影响到依托城市的居民和周围居民的出游水平。此外，地区社会经济发展的阶段特征也会对乡村旅游的开发产生影响。经济环境包括两个方面：需求和供给。

需求经济环境：需求方面需要考虑旅游者的经济实力，市场需求的持续性对于乡村旅游的可持续发展至关重要。城市人群是乡村旅游的主要客源，因此，附近城镇的数量、规模、发展水平对乡村旅游开发具有重要影响。中心城镇和各级城镇居民点是乡村旅游开发的重要依托，因此，区域内城镇的数量、规模、分布和结构以及配套服务设施的种类、数量、规模、水平和特色等，对乡村旅游需求的基础经济环境有很大的决定作用。乡村旅游已经成为国内度假中稳定性较强的主要旅游方式之一。

供给经济环境：经济的供给环境受到多种因素的影响，其中包括开发资金、乡村劳动力保障和建设用地条件等，而这些因素主要取决于经济水平和投资建设能力。资金的充足投入是乡村旅游项目开发的必要条件，缺乏资金的支持将无法保障项目的顺利进行。因此，在确定可行性时，需要对财政供给的可能性和资金到位情况进行分析。这包括对国家和地方财政的切块、税利提留、计划投入等进行分析，还要评估和判断部门投资、群众集资、外界捐赠的能力和数额。同时，还需要考虑海内外，尤其是外资引入的可能性。在乡村旅游供应方面，我们还需关注劳动力方面的几个因素：劳动力的数量、质量、劳动力的产业结构组成以及其转化的潜力。项目的布局与工程投资规模受到开发所在地用地状况的影响，因此，需要对开发规划区域的面积、地形、地质和水文情况进行评估和分析，以确定该用地适用性和开发利用的经济性。

②产业背景

涵盖产业发展两个方面的发展情况，即客源地和目的地。当考虑发展乡村旅游时，需要考虑当地的社会经济条件，因为这将会对发展旅游产业的成功与否产生很大的影响。乡村旅游本质上是在成熟农业基础上发展出来的旅游业，农业的历史背景和特色是乡村旅游不断发展的动力源泉。乡村旅游是社会经济和城市化发展达到一定阶段的结果，只有客源地城市社会经济条件较好、城市化水平较高时才能推动乡村旅游的发展。

乡村旅游的发展与农业基础产业密切相关，包括农作物的种类、产量和质量等方面。乡村旅游的开发受农业基础的影响很大，因为农作物的多样性决定了可供开发的素材的种类和数量，而农副产品如禽蛋、水产、蔬菜、瓜果等的生产供应情况则决定了乡村旅游的开发和保障程度。因此，我们需要对开发地和依托地的农业基础进行认真的分析和研究。另外，农业科技的水平也对乡村旅游的开发至关重要。它决定了乡村旅游开发的特色是传统农业风格，还是现代化农业风格，或者两者融合的独特恬淡风格。

相关基础产业的情况对于乡村旅游的发展有直接影响，包括水、电、能源、通讯等基础设施的配套状况、规模、能力以及布局，这些都会影响乡村旅游的开发利用效率和投资效益。

③区位背景

区位背景意指旅游目的地，相对于其他旅游目的地的位置和空间关系，这对旅游目的地的发展方向和前景，有着极其重要的影响和决定作用。区位背景直接关系到乡村旅游区的兴衰。大中城市周边乡村旅游区的资源品质一般，但由于其距离大中城市较近，因此能够满足城市居民对于反复出游和休闲放松的需求。著名景区的周边地区资源丰富，质量也较高，本身的吸引力就很强。判断区位位置是否优越，需要考虑两个因素：与所依托城市或景区的距离以及当地客源市场的状况。如果与热门的大中城市或著名景区距离较近，同时当地休闲度假需求旺盛，那么这个地理位置的区位条件就会更优越。具体来讲，旅游业的成功发展与资源区位、客源区位和交通区位密切相关。

资源区位：资源区位主要由资源结构决定。对于旅游区而言，其繁荣程度不仅取决于资源的绝对价值，还与其空间位置和周边资源的组合结构有关。对于那些拥有高资源价值但知名度不高的风景区来说，要想充分利用它们的价值是很困难的。如果与其他相似的风景区竞争，它们很可能会处于劣势。

客源区位：乡村旅游的客源区位主要由距离决定，游客参与乡村旅游多在双休日，受到时间和金钱限制，因此只有将旅游距离控制在可接受范围内，才能促使他们做出旅游购买的决策。旅游景区所处的位置对客源区位的影响比游览资源本身更大。因此，乡村旅游者的购买意愿和与目的地的距离成反比，距离越远，旅游者的购买意愿越弱。

交通区位：交通区位是由交通线路的状况所决定的。在一个乡村旅游地，游客的数量不仅受到资源优势和客源市场的影响，还受到交通线路数量、等级和畅通程度的影响。通常来说，乡村是游客在双休日与亲友共度时光的休闲胜地，因此需要旅游区交通便利、距离适中。

④旅游环境

随着旅游业成为区域主要经济支柱，城乡居民也逐渐将旅游纳入其日常生活，因此，乡村旅游逐渐进入了一个全面发展的时代，并有着广阔的发展空间。城乡之间、自然与人文环境之间的差距越明显，就越能产生吸引力，吸引更多游客前来旅游。

（2）乡村旅游的微观环境

乡村旅游的微观环境包括乡村旅游的建筑风格和材料、旅游设施的卫生情况和形象标识、旅游区服务态度等，是一种具体的、物化的生态环境。

①乡村自然生态环境

优越的自然环境是开发建设乡村旅游的必要前提和基础，区域的地形地貌、气候特点、水文条件和土壤等自然条件都会对乡村旅游的开发产生一定的影响。

水文：乡村旅游的水文条件是乡村旅游的重要环境要素和吸引物，清洁透明的水体不仅可以吸引到众多旅游者，还能在一定程度上证明当地优良的生态环境。

旅游区的用水主要包括景观用水和游憩用水，乡村原有的小溪、池塘、湖泊、沟渠等都可以作为旅游水资源来吸引旅客的目光。

气候：气候因素对旅游开发区的生物种类和分布有着直接而重要的影响，也在一定程度上对乡村旅游的四季景观和季节更替起着决定性作用，气温、降水等气候条件因素也会影响游客的选择。

地貌：地貌景观可以划分为两大类：一是观赏性地貌旅游资源，二是体验性地貌旅游资源。天然的山峦和山谷，既是一种互相衬托的视觉意象，也是一个登山、采摘蘑菇和采摘野果的理想场所。地貌要素决定着乡村旅游的地表形态，进而影响着乡村旅游的可达性、土地利用状况以及景观的丰富性。

土壤：特殊的土壤类型也可以作为一种吸引旅客的资源，比如云南东川的红土地就是因其广阔的红壤而被当作了摄影家的乐园。肥沃的土壤一方面有利于动植物的生长，另一方面也为各种类型的乡村旅游设施的建设提供了有利的场地。乡村旅游的开发地点，应选择土层较厚、排水良好、土壤质地中等的平缓坡地。

生物：生物资源一方面可用于供游客观赏，另一方面也可以供游客进行采摘、品尝等体验活动，目前在我国台湾地区和日本又兴起了利用乡土生物进行科普教育和生态教育等形式。

②乡村人文生态环境

包括旅游乡村的建筑、聚落、服饰、语言、精神风貌、社会治安、卫生健康状况、当地居民对旅游者的态度、旅游服务、当地乡村政府行为与政策条件等。

建筑：旅游区的建筑既可以用来观赏，也可以用来供游客居住，让游客可以更加全面地体验感受乡村建筑。

聚落：是由许多个体组成的一种实物形式，可以供旅游者对其中的乡土文化进行了解和体验，也能在一定程度上，冲击游客的视觉神经。试想，如果丽江古城不存在，那么那些披星戴月的当地人就成不了演员。

服饰：旅游区的服饰可分为两种，一种是观赏性服饰，这类服饰一般都会在乡村博物馆中展示，让游客可以通过这些服饰感受乡村文化；另一种是实用性服饰，这类服饰常常就是乡村居民的日常着装或旅游区纪念品，其具有鲜明的地域特色和实用价值，因此十分畅销。

语言：语言是乡村文化的载体，乡村经营者和居民的浓浓乡音既是体现乡村气息的亮点，又是一个可以与城市旅游区别开来的符号。在乡村旅游中，游客们往往对少数民族的语言和饱含美好寓意的话语十分感兴趣。

精神风貌、社会治安、卫生条件：这些因素是顺利开展旅游活动的前提条件，这些因素的合格与否对旅游区是否能留住游客至关重要。

当地居民对旅游者的态度：作为活态旅游资源的本地人，其心态与热情程度将直接影响游客的旅游体验。在乡村旅游区，本地居民可分为三种：直接从事旅游的人员、间接从事旅游的人员和不从事旅游的人员。这三种人群在乡村旅游发展中发挥着不同的作用，但他们都与乡村旅游的发展有着密切的关系。

3. 乡村旅游的生态环境特点

（1）具有一般旅游生态环境的特点

就像一般的旅游生态环境，乡村旅游生态环境应该比一般的乡村生态环境要好得多。在乡村地区，时间和空间上的差异也会产生不同的景观，随着季节的变化，会呈现出不同的农业景观与农作物景观；各种土地类型以及乡间分布的溪流、池塘、稻田、旱地……景观丰富多样。然而，我国广大农村经济发展相对滞后的情况，以及城乡之间的巨大差异，使得乡村的生态环境尤其是微观生态环境的状况十分不理想。

（2）结构交叉能流关系复杂

乡村旅游生态环境是由森林、草原、池塘、河流、农田、果林、村落以及交通网络和旅游服务设施等相互交叉组成的复合生态系统，是一种乡村旅游系统和人工复合系统的叠加。其中人、物、能等多要素交互作用，极易引发新的环境卫生问题。目前，我国农村景区的环境卫生问题受到了旅游企业和当地政府的广泛关注，但对景区的宏观生态环境造成的破坏，尤其是建筑污染和用地结构不合理等非消耗性破坏的关注还非常少。

4. 乡村旅游环境面临的问题

自然环境方面，好的东西逐渐被"圈"起来搞景区、景点，这是乡村旅游发展的误区，乡村性便逐渐消失。结果，乡政府背上沉重的包袱，旅游者得不到全面的乡村旅游体验，老百姓得不到经济上的实惠。例如，黑井古镇对游客收取30

元的门票，反而限制了旅游者的到来，成了旅游发展的障碍。目前，我国许多地方还没有清楚地意识到乡村旅游文化环境的重要性，在旅游开发的过程中，对文化旅游环境的设计、营造所花的人力、物力还不够。

乡村旅游立足于乡村环境，追求的是自然的感觉。但是，已经适应了现代生活的游客，对服务和接待设施有更高的清洁和舒适的要求，这与一般的农村居民的生产和生活条件有很大的不同。此外，现实情况也说明，在参加乡村旅游时，游客最关心的问题依次为：卫生、饮食、环境、交通。但是，在当前的农村旅游开发中，这些问题仍然都十分突出，亟待解决。但是如今乡村旅游产业遍布全国各地，那些没有经过资源论证和规划策划的项目，往往都是粗制滥造、品位不高的，与城镇居民的需求相去甚远。要想使其规范化运作，就必须邀请一些专家和学者对其进行规划，然后根据规划体系对环境整治、设施建设和组织管理等方面进行完善，这需要大量的前期资金投入。乡村旅游的发展一般都是在相关政策的支持下进行的，其发展是否成功，与政府的行为有很大的联系，如果能够把握好相关的政策，乡村旅游会得到较大发展。除此之外，乡村旅游还是一种可以优化旅游产品结构的选择，因此，相关的政府部门也会出台一些促进其发展的政策方针。

总而言之，乡村旅游的环境是一个既包含宏观环境又包含微观环境的复合系统，它将自然环境、乡村文化和当地经济相结合，所以，这一体系的每一个环节都会对旅游业的发展产生重要影响，既要创造乡村旅游的大环境，又要创造乡村旅游的小环境，旅游大环境的安定团结与繁荣，需要乡村居民积极配合区域旅游主管部门，由大家共同维护。

（三）乡村旅游所处的地理环境

1. 都市郊区

都市郊区是一种在我国发展较为普遍成熟、具有较大市场潜力和较高效益的乡村旅游区，其开发主要得益于其优越的自然生态环境和特殊的人文环境，以及地理位置的优势和便捷的交通。北京、上海和广州市的近郊农村都是以城市为市场，以城市居民的休闲、观光和游览为主要发展定位的"都市后花园"，是都市居民的休闲度假之地。

2. 景点边缘区

景点边缘区是以当地著名景点（风景区）为依托，这种景区周边的乡村旅游是伴随风景区观光旅游而产生的，使旅游者充分观赏体验周围村庄的田园风光、民俗文化、农家生活的活动。云南大理、丽江、西双版纳等旅游区周边的乡村旅游就属于这种类型。

3. 特色村寨区

特色村寨区反映着乡村的建设与发展，其中凝结和遗存着历史传统文化。它与民俗旅游相结合，就形成了既有浓郁的乡土文化，又有传统的乡土建筑特色的旅游类型。例如北京市门头沟区川底下村的明清建筑群、福建客家土楼、四川攀枝花的俚濮彝族村、贵州苗乡的"寨子"、昆明富民县的大营镇小水井村以及安徽黄山山脚下的牌坊群等都属于这种旅游形式。

4. 特色农业区（基地）

特色农业区（基地）是利用具有当地特色的农业产品和农业技术，让游客进行观光、品尝、购买等活动，如新疆吐鲁番葡萄基地、山东半岛的苹果基地、北京妙峰山玫瑰花基地、攀枝花仁和区混撒拉村芒果基地均属于此类。

（四）乡村旅游发展与环境保护的辩证关系

1. 乡村旅游与环境保护的相互促进关系

（1）旅游发展与乡村自然环境

①旅游发展需要优美、协调的自然环境

农村环境对于旅游者来说，并不是一个肮脏、杂乱、简陋的地方。在进行乡村旅游规划时，我们经常用"土里土气"来描述产品的乡土性，但这里的"土气"不是指随处可见的垃圾、污水和到处乱飞的苍蝇，乡村旅游地通常选择在具有良好生态环境和农业工业条件的地方开发。如四川的郫县友爱乡，将园林、盆栽和林果等植物作为乡村旅游的载体；在宣威靖外镇下村，把乡村旅游嫁接到林业部门的生态示范村上，都收到了不错的成效。

②乡村旅游有利于乡村自然环境向着乡土化、特色化的方向发展

乡村旅游活动的开展，不仅使地方及村民获得了经济利益，也使其拥有了发展壮大的资本（资金与经验）。通过集体项目创收、个体项目税费等渠道筹集资金，也可以得到建设乡村外环境的资金支持，乡村自然环境朝着良好的方向发展。

（2）旅游发展与乡村人文环境

①安定团结、淳朴厚道是吸引旅游者前往乡村旅游的人文氛围

人民生活富裕，地方执政有方，才能营造安定团结的局面；一定的区域历史让乡村旅游拥有一种历史的沧桑和厚重感；没有泛滥的外来人口，乡村还保持着淳朴和平静，这是和城中村、城市化影响程度较深的城郊结合部有根本不同的。

②旅游的发展有利于乡村传统文化的挖掘与保护

因为生产效率低下而被时代淘汰的传统民族手工艺，如竹编、傈僳织布、黑井梨醋等得以继续传承和发扬；同时大量的新鲜文化元素被注入乡村民族文化，这些新的文化产物在未来也会成为后世的珍贵宝物。例如：昆明富民县小水井苗族唱诗班的四声部合唱，就是民族、宗教文化结合的珍贵遗产。

③乡村旅游的发展有利于农村选择城镇化的方式

城市扩张的速度吞噬了绿色的土地和肥沃的田野，使这个五彩缤纷的世界变成了一片单调的钢筋混凝土森林。城市化进程不能仅仅以城市建成区的扩张来衡量，而要以人民生活水平、文化水平等生活质量指标来衡量。在此意义上，乡村旅游有助于真正推动城镇化进程。

2.乡村旅游与环境保护的相互矛盾关系

（1）旅游发展与乡村自然环境

①大量游客的到来，会造成对大气、水、土壤、生物等的影响

在对自然环境进行鉴定时，游客应以良好的自然生态环境为鉴定标准，以天然度、纯净度和优美度为主要衡量标准。乡村地区通常没有健全的排水管网系统和污水处理设施，生活污水通常是利用农村地区比较健全的农业灌溉系统排出的。随着旅游业的发展，大量的游客涌入乡村，产生的生活污水如果没有得到有效的处理，很可能会对水渠和河道造成污染，从而对农田土壤和农作物造成污染。此外，乡村旅游者通常通过私人交通工具到达目的地，在黄金周和周末等高峰时段，

沿线地区的空气质量可能会出现污染物超标的情况。而且，有些乡村旅游道路两旁没有考虑到绿化树种的选择，道路两旁直接种植着农作物，这很可能会导致农作物受到重金属、铅等的污染。

②不负责任的旅游行为，会带来大量的不可降解的物质进入乡村地域

根据实际情况来说，部分游客素质不高，在各种旅游景区随处可见游客随手丢弃的垃圾。现阶段乡村旅游还没有真正以一种旅游产品的形式出现在大众旅游业的视线中，乡村旅游的消费门槛较低、缺乏管理机制和管理队伍，会使得游客主观上放松对素质的约束，容易引发垃圾污染问题；旅游经营者不负责任的堆放、倾倒，以及一些考虑不周的填埋等现象，都是不负责任的旅游行为造成的。

③不符合地方特色的设计和建设，往往造成与自然景观的不协调，甚至破坏整体形象

在发展乡村旅游时，最忌人为的痕迹太多，而应该让游客感受到质朴真实的自然感和新鲜感。要注意乡村旅游的人文环境是否与城市环境产生了较强的反差，要么是古朴、具有亲情味和乡土味的，这样不仅可以让游客产生对心灵深处的乡村意象的追寻、对传统文化的真诚留恋，还能勾起一些特定群体，比如返城知青、从小生长在农村的城市居民对乡村或乡情的复杂情感；又或者是新奇的、现代化的但与普通旅游者心目中的乡村形象相去甚远的，或者是有着非常鲜明的、独一无二的乡村文化遗产以及乡村的生产方式的。在以旅游收入为主要经济来源的乡村，乡村性是吸引游客的永久动力。所以，不管当地的经济状况怎样改善，都不建议人们建造非本民族风格、非本地取材的建筑。当然，主人用房的内部装饰、家具搭配可以布置得更加现代化。对于旅游收入较少或不开展旅游活动的村庄，经济水平得到提升后，也不提倡当地人建设非本地特点的建筑。因为，当代人留下的将是后代人的财富，我们几乎不能创造自然旅游资源，我们能为后人留下的只有人文的资源。

（2）旅游发展与乡村人文环境

①外来文化容易冲击、瓦解本土文化

在全球化进程中，文化趋同是一个很容易被误解的问题，而这一问题又很难被修正。随着经济的全球化和一体化进程的加快，许多文化因素在尚未被识别的

情况下就被抛弃了。世界上的文化正逐渐失去多样性。所以在保护生物多样性的同时，也要注意文化多样性的保护。

乡村旅游的发展，不仅带来大量的城市游客，同时也带来了异质文化，这种异质文化会与当地的乡村文化产生激烈的碰撞。在进行乡村旅游的开发之前，要调查分析当地的开放意识与社会承受力，要审时度势，选择合适的开发时机、开放强度、合理的项目内容及社会配套工作。除此之外，在开发规划过程中，要积极听取乡村居民和社区居民的意见，引导乡村居民积极参与到乡村旅游的开发和经营管理中，将村民们的意见和淳朴的民风作为开发旅游的第一手资源。

②功利性的旅游文化发展观，往往容易造成对地方文化的扭曲，造成伪民俗化

目前有许多旅游策划者为了迎合游客追求新鲜感和反差感的需求，经常将乡村民俗和风情表演化、快餐化，造成当地传统文化的错误传播。一些转化得较好的乡村文化包括普者黑的篝火晚会、核桃园的歌舞晚会等等。

③伴随旅游业而来的服务行业，会改变乡村朴实、纯洁的伦理观和道德观

旅游业的发展产业链较长，能够推动区域经济的发展。但是随着经济的发展，乡村地区淳朴的风土人情和道德伦理，会受到一些随商业利益和人口流动混入的黄、赌、毒等恶习的冲击。

④旅游利益的分配不公，是乡村新的不稳定因素

乡村旅游的环境需要乡村的全体居民进行维护，但是乡村旅游的收益却不见得可以进入全体居民的口袋，只有一部分农户掌握着旅游的收入，这会使乡村内部的贫富差距加大，不利于乡村的稳定。

（五）乡村旅游的环境容量

随着对旅游区进行长期的监测和调查，发现由于游客数量过多，旅游区长期处于超载状态，导致环境污染和生态问题显著加剧。旅游学者赵红红在1983年率先揭示了旅游环境容量的问题，随后该概念得到了广泛的深入研究和探讨。旅游环境容量，是指在满足游客的最低游览心理要求和保障旅游地环境质量不被破坏的前提下，所能够容纳的旅游者数量，它包括了旅游地生态环境容量和游客心

理容量两个方面。最初人们对旅游环境容量的理解，是基于突出的生态环境问题和较低的游览效率。然而，随着对旅游环境及其影响研究的不断深入，发现旅游自然环境超载不仅影响着旅游业的发展，社会文化和经济条件也同样成为制约其发展的因素。

因此，一些学者认为，旅游环境容量，是指在某一旅游地环境的现有状态和结构组合不会对当代人及未来人造成任何有害影响的前提下，该地可以容纳的旅客数量。旅游环境容量是一个复合环境系统，包含了社会、经济和自然环境，应当包括基础环境容量、生态环境容量、心理环境容量和社会环境容量。

生态旅游环境容量是对旅游环境容量的扩展和进一步发展。生态旅游的成功运营、发展离不开一系列外部条件，这些外部条件构成了生态旅游环境。这里所说的环境容量不仅考虑了自然环境的容量限制，更注重了景观的容量限制、人与自然和谐相处的容量限制，主要包括自然生态旅游环境容量，社会文化生态旅游环境容量、生态经济旅游环境容量、生态旅游气氛环境容量。

乡村旅游发生在乡村居民的生产、生活区域。在这些地区人类与自然和谐相处，形成了独特的自然与文化氛围，可以说是一种天人合一的文化旅游环境。乡村旅游环境容量包括自然生态旅游环境容量、生态社会经济旅游环境容量和生态旅游气氛环境容量。

五、乡村旅游与其他相近概念的关系

由于学术界对乡村旅游的研究时间相对较短，学术界以及官方都提出过不少与乡村旅游相近的概念，这些概念至今尚未统一，为理清这些概念间的关系，在此对它们作一简单的分析。

（一）农家乐与乡村旅游

农家乐就是在农村环境中，以吃农家饭、住农家屋、干农家活、享农家乐为特征的一种旅游形式。很显然，农家乐符合乡村旅游的条件，因而属于乡村旅游的范畴。

乡村旅游并不等于农家乐，首先，从旅游活动的空间来说，虽然农家乐的活动空间属于乡村，但其重点在农家，而乡村旅游的空间在整个乡村，因此乡村旅游的范围更大更广。其次，从旅游的开发以及经营主体来看，农家乐是以单家、单户为主来开展的，而乡村旅游则可能以整个乡村（村寨）来组织开发与经营。从这个意义上来讲，农家乐是一种乡村旅游，而且是乡村旅游的初级形式，乡村旅游正是农家乐的进一步发展和提升。

（二）观光农业与乡村旅游

观光就是观看游览的意思，观光农业是一种在农业的基础上结合旅游产业发展起来的现代农业，具有多种形式和类型。观光农业在国外以及我国台湾地区发展得较好，根据目前的发展状况，其中规模较大的形式主要有如下几种。

（1）观光农园：观光农园是国外观光农业最普遍的一种形式，这种形式就是在城市周边或著名景区附近，开辟特色果园、茶园、菜园、花园等供游客进行采摘蔬果、赏花采茶等田园体验活动。

（2）农业公园：即将农业生产、农产品消费和旅游休闲集中于一体，以公园的经营方式和思路创建农业公园。

（3）教育农园：这是一种具有科普教育功能的农业生产经营形式。

（4）观光农场：在传统农场的基础上，把农场打造为集观赏、采集、教育、体验等为一体的农业与旅游业的复合体。

由此可以看出，一部分观光农业也可以视为乡村旅游业，比如在乡村开发的观光农园、教育农园以及观光农场等。但另一些观光农业并不属于乡村旅游业的范畴，比如在城市附近应用纯粹的现代农业技术，开发建设的现代农业观光农园，它虽然也有旅游的功能，但由于其不在乡村，也不具有乡村文化的元素，因此不能称之为乡村旅游。

（三）农业旅游与乡村旅游

农业旅游与观光农业很相似，都是以农业为基础，把旅游与农业结合起来的一种旅游形式。因此，在乡村开展的具有乡村性的旅游活动就可以视为乡村旅游。而不在乡村地区开展的一些展示现代农业技术的农业旅游则不能称其为乡村旅游。比如在现代农业科技园区以参观、考察、学习现代无土栽培、现代转基因农业、现代喷灌等技术为主要目的的旅游是农业旅游，但显然不属于乡村旅游。

（四）农村旅游与乡村旅游

一般情况下，人们经常把农村和乡村混为一谈，其实农村和乡村存在很大差别，农村是从事农业的人们集中居住的区域，乡村居民的职业则各不相同。虽然就目前我们国家的实际来看，乡村与农村的差异并不十分突出。但二者的差异在国外尤其突出。乡村的范围要大于农村，所以乡村涵盖了农村，因此，农村旅游是包含在乡村旅游之中的。

（五）民俗旅游与乡村旅游

所谓民俗就是一种依然存在的民间传统文化，是民间世代传承下来的一种文化。民俗旅游就是以这种依然存在的传统文化为主要旅游吸引物的旅游活动。这种民间传统文化不仅存在于乡村，它同样也存在于城市。比如北京城的老北京民俗，丽江城的纳西民俗。因此，民俗旅游和乡村旅游不能混为一谈，民俗旅游包括城市民俗旅游和乡村民俗旅游，其中的乡村民俗旅游是乡村旅游的一部分。因而民俗旅游与乡村旅游有交叉，但又不相等。

综上所述，这些概念中有的和乡村旅游的内涵存在交叉重合之处，有的则可以完全被包含于乡村旅游的概念中，比如农家乐、农村旅游。为了研究的规范和认识的统一，作者主张今后将农家乐以及农村旅游等属于乡村旅游范畴的概念均统一为乡村旅游。

第二节 乡村旅游的发展

一、国内外乡村旅游发展的历程

（一）国外乡村旅游发展的历程

国外的乡村旅游起步较早，到现在已经发展得十分成熟。其发展演变过程可归纳为萌芽阶段、全面发展阶段和成熟阶段。

1. 萌芽阶段（19世纪中叶至20世纪40年代初期）

乡村旅游的萌芽与当时欧洲的时代背景有着紧密的联系。18世纪60年代起源于英国的工业革命加快了城市化进程，使很多人从乡村迁移到工业城市，快节奏的城市生活心理压力激发了人们返回大自然的追求。同时，工业革命使得社会生产的财富不再只是流向封建贵族和大土地所有者，也越来越多地流向了新兴的工业资产阶级，扩大了经济上有条件外出去乡村休息消遣的人群规模。

伴随着蒸汽机技术在交通运输领域中的应用，火车和轮船的出现大大改变了人们外出旅行的交通条件，使大规模的人员流动在技术上成为可能，这也造就了近代旅游业发端。1841年，托马斯·库克（Thomas Cook）利用包租火车的方式，组织了一次从英国中部地区的莱斯特市，前往拉夫堡市访问的570人的大型团体旅游活动，而在1863年托马斯·库克再次组织了瑞士农村的第一个包价旅游团，这是最早的团队包价乡村旅游。自此，乡村团队游开始出现。旅行社的建立使得人们可以打破传统的乡村旅游方式，在时空上扩大了外出旅游的范围，为乡村旅游发展注入了新的活力。

工业革命使人们的工作方式和工作性质发生了巨大改变。随着城市人口的不断增加，以前烦琐的农业劳动，已经逐渐被重复的、枯燥的机器工业劳动取代。这一变化让很多人渴望前往乡村休假，追寻过去的脚步和乡村记忆，得到修整放松的机会。

受到城市环境恶化的影响，乡村旅游产品在城市郊区和乡村地区萌发，例如，19世纪后半期，德国的市民农园体制正式建立，主旨是让住在狭窄公寓的都市居民能够有足够且营养的食物供应，并以建立健康社会的理想为目标。到19世纪末20世纪初，乡村旅游产品进入乡村地区，德国农民将旧有牛舍、猪舍改建成乡村餐厅或度假客房，以满足到乡村地区游憩、休闲人们的需求。

在工业革命之后的两次世界大战期间，战争对城市和乡村均产生了毁灭性的影响，使参战国家的乡村旅游几乎陷入停滞。但也必须认识到，尽管战争对乡村旅游的发展产生了严重破坏，但在发达的资本主义经济的孕育下，产生了部分与乡村旅游相关的新业态，为第二次世界大战后的乡村旅游发展奠定了基础。例如，

1919年，德国颁布了有关市民农园最早的法律《市民农园法》，规定市民农园的土地以租赁方式获得，土地可转让但不得买卖，农园用于自给或休闲，而非营利性质的场所。1924年，生态农业于欧洲兴起，于20世纪30年代得到较大发展，并逐步向美洲、亚洲扩展，在美国、英国、日本等国家得到发展，为乡村旅游的发展奠定了坚实的基础。

2. 全面发展阶段（20世纪50年代初至20世纪70年代末）

1945年后，随着战后旅游活动恢复，乡村旅游的需求也快速发展。尤其在世界发达国家，乡村旅游产业不断转型升级，从功能单一、品质较差的乡村旅游初期产品，逐步向功能丰富、品质提升、规模扩大、产业联动的现代乡村旅游业转型发展。因此这阶段被称为现代乡村旅游阶段。在现代乡村旅游阶段，以欧美为代表的发达国家在其中扮演了重要角色，是乡村旅游的先行者。当下的乡村旅游产品中，许多起源于这些发达国家，如乡村民宿、葡萄酒庄园等。

乡村旅游之所以能够快速恢复，并且规模持续扩大，其中所涉及的原因与当时相关国家和地区的经济和社会发展状况有关。总之，随着第二次世界大战的结束，各国均极力避免再次出现世界范围的大规模战争，几乎所有国家都将重点转移至自身的经济发展中，使得该时期各国GDP均出现快速增长，人均GDP也在增长，人们的生活水平得到了提高，具有了一定的经济能力，这为乡村旅游的发展创造了经济基础。

随着经济的发展，各国社会福利进一步完善，纷纷延长休假时间。如1936年法国颁布《带薪休假法》，制订15个工作日的带薪休假，于1956年增至3周，1982年进一步延长至5周。日本于1988年颁布《劳动基准法》确立周休二日制，并接连颁布了《国民节假日法》《老年人福利法》等，为公民提供了充足的休闲时间。还有德国的《联邦休假法》中规定，每人每年还享有至少24个工作日的带薪休假，其中不包括双休日和节日。德国政府一向鼓励人们带薪休假，对自动放弃带薪休假权的员工不予经济补偿。如果员工在一年中没有休满假期，剩余的带薪假最晚可在次年的3月前休完。充足的闲暇时间为旅游业，尤其为乡村旅游业的发展提供了时间保障。在西欧、日本等发达的国家，乡村旅游的发展日益加快。这些国家主要的乡村旅游项目有：历史遗迹观光、垂钓、漫步、乡村自驾游、郊游、摄影、观光、乡村农作方式、乡村景观观光和体验等。乡村旅游自20世纪60年代开始迅速发展，现已在欧美等发达国家形成了一个具有较大规模的产业。目前，德国、奥地利、英国、法国、西班牙、美国、日本等国家的乡村旅游都已经形成了一定的规模，并进入了规范发展的轨道。

3. 成熟阶段（20世纪80年代至今）

20世纪80年代以来，随着城市旅游的兴起，传统单一的旅游方式已无法满足都市游客的需要，在现代都市旅游的冲击下，乡村旅游的功能逐渐扩展，为游客提供了多种参与性的休闲、娱乐、度假、健身和疗养方面的旅游活动。此时，原始的农业园已转变为休闲农庄、农场，乡村已建成大量旅游接待设施，旅游业经营管理水平也逐步上升，乡村旅游的层次、品位和文化内涵得到了进一步的提升，这个阶段，发达国家乡村旅游主要的经营方式为农耕出租，即通过出租土地，将农场出租给旅游者耕种，农场主向其收取租用费。

20世纪90年代以来，乡村旅游几乎覆盖整个欧洲和北美，澳大利亚、新加坡、日本、韩国等国家的乡村旅游也基本走上了规范的发展道路，现已具有相当大的规模，显示出强大的生命力。美国农村土地资源丰富但人口不多，劳动力稀缺，农副产品滞销，这时乡村旅游的出现，就完美解决了这些问题，因此乡村旅游在美国十分流行。1997年，美国有数千万人到农场观光度假，农场主开展蔬果采摘体验活动、垂钓、绿色食品展览和乡村音乐会等旅游项目，美国政府也专门制订了相关的法规来规范观光农场的软硬件标准，以促进乡村旅游健康发展。日本发展乡村旅游起步较早，每年日本的旅行社都会开展务农旅游，为旅游者开展插秧、收割、捕鱼、放牧、挤奶等项目，参加活动的旅游者向旅行社和农场交一定的费用。

在国外，经过这三个时期的发展，其旅游产品已经从传统的乡村旅游走向了更高的层次，而更多的是以乡村度假、个性化旅游为主。旅游的目标也由原来的乡村区域旅游转向了真正的乡村旅游。乡村旅游之所以能得到如此广泛的关注，是因为它具有特定的历史背景。近百年来，随着我国工业化、城镇化的发展，乡村地区的经济、政治状况也随之发生了巨大的变化。尤其是近几年，随着科技的发展，农业生产模式的改变、农村劳动力需求量的减少、乡村剩余农产品的增多，使得乡村大量的人口向城镇城市转移，造成乡村服务产业的衰退和乡村社区的衰败。随着乡村青壮年的大量外出务工，乡村的老龄化问题日趋严重。因此，发展旅游产业，作为转变乡村经济结构的一个重要手段，其自然而然地受到了社会各界的重视。随着旅游业的迅猛发展，乡村旅游也越来越受到人们的重视。

（二）国内乡村旅游发展的历程

1. 初期发展阶段（1988—2000 年）

20 世纪 80 年代中期，一些位于著名旅游景区周边的乡村开始发展乡村旅游。1988 年，较早落实改革开放的深圳，为了招商引资举办了荔枝节，之后又开辟了荔枝采摘园，这一系列举措收获了良好的结果，于是全国各地也开始了各种具有鲜明特色的观光农业项目的开展。20 世纪 80 年代末，位于成都郫县友爱镇农科村的徐家大院，以秀美的花卉盆景和浓郁的乡风民俗为依托，整合家庭资源，自发地办起庭院餐厅，农家乐破茧而出，这里诞生了中国第一家农家乐。20 世纪 90 年代开始，随着旅游需求的不断加大和国家政策的扶持，乡村旅游逐渐得到了发展。近年来，休闲农业、观光农场、特色小镇和田园综合体等乡村旅游业态层出，将乡村旅游不断推向成熟。这个时期，在某些具有特殊文化风俗和自然资源的乡村地区的乡村旅游得到了较快发展，如安徽省皖南地区的西递、宏村和云南的少数民族地区。

1995 年 5 月 1 日开始实行双休日。1995 年，"中国民俗风情游"旅游主题与中国"56 个民族的家"宣传口号，引导游客深入少数民族风情区；1998 年"中国华夏城乡游"旅游主题与"现代城乡，多彩生活"宣传口号吸引大批旅游者涌入乡村。这一时期的乡村旅游的旅游功能和产品还是比较单一的，主要是乡村观光和乡村农家（农家乐）。

20 世纪 90 年代以后，伴随着在乡村区域内出现了大量的观光农业园，逐渐出现了市民农园、教育农园、休闲农场、休闲牧场、乡村游学、民俗农庄、森林旅游、高科技农艺园、多功能园林、乡村工业园、水乡旅游、田园主题公园、乡村生态旅游区等多种类型的乡村旅游，城市居民主要是在各种观光农园中采摘水果、垂钓、种植蔬菜、野餐、学习园艺等，这些都是"农业娱乐型"的活动形式。

在这一阶段，乡村旅游发展的特点是以开发观光农业为主要内容、以满足大众的休闲旅游需求为目的、以"乡村度假型"为主要发展方向。在这一时期，出现了一批既有地方乡土特色，又有时代特征的乡村旅游景点区域，例如：北京平谷蟠桃园、大兴西瓜园，淮北平原小张庄、江苏省华西村、上海城市农业园、广东番禺农业大观园等等。这些乡村旅游景点的开发与建设为城镇居民提供了新的旅游休闲场所与空间，也为农民致富、乡村发展找到了新方向。

2. 粗具规模阶段（2001—2010 年）

进入 21 世纪，党中央、国务院高度重视乡村旅游的发展。中国共产党第十七届中央委员会第三次全体会议通过的《中共中央关于推进农村改革发展若干重大问题的决定》明确提出要根据我国国情因地制宜发展乡村旅游[①]，这是历史性的重大突破。2006 年"中国乡村旅游年"的提出，将中国的"乡村旅游"建设推向了一个新的高度。已形成一定规模的乡村旅游地，主要分布于城市近郊、江南古镇和古村落以及中西部山区和少数民族村寨，具有较大的发展空间和发展潜力。2009 年，全国旅游工作会议提出，大力发展乡村旅游，已经成为地方发展农村经济的一个重要"抓手"，是培育支柱产业的一个重要内容和发挥资源优势的一个重要手段，是促进城乡交流的一个重要途径和优化产业结构的一个重要措施，并启动乡村旅游"百千万工程"，也就是围绕着旅游业进行全面发展，在全国推出100 个特色县、1000 个特色乡、10000 个特色村。[②]

这个时期全国乡村旅游开始全面兴起，各地涌现出大量的观光农业园，主要功能是观光功能和休闲功能，旅游者在其中主要是进行游览、品尝、购物、劳作、娱乐、学习农技、欣赏乡村文化、体验农民生活等活动，这时还出现了许多农家乐。我国最开始所开展的乡村旅游，主要内容是游山玩水或周末休憩，是主要在大中城市的郊区进行的，都市农业旅游或以农家乐为主的乡村旅游，在这之后又出现了大量的以体验、游览、欣赏民俗为主的新型乡村旅游活动。

---

① 大力推进改革创新 加强农村制度建设 中国共产党第十七届中央委员会第三次全体会议通过《中共中央关于推进农村改革发展若干重大问题的决定》[J]. 中国行政管理, 2008（11）: 7.
② 石培华. 旅游业综合功能与国家战略研究 [M]. 北京：中国旅游出版社, 2009.

3. 提升阶段（2011 年至今）

从 2011 年开始，农业部、国家旅游局在全国联合开展休闲农业与乡村旅游示范县和全国休闲农业示范点创建活动。活动的目的是通过创新机制、规范管理、强化服务、培育品牌等方式，进一步规范提升休闲农业与乡村旅游发展，推进农业功能拓展、农村经济结构调整。

在 2017 年，为推动我国乡村旅游持续健康发展，进一步发挥乡村旅游在稳增长、促消费、减贫困、惠民生等方面的积极作用，巩固当前我国经济稳中向好的势头，特制订《促进乡村旅游发展提质升级行动方案（2017 年）》，该方案指出，集中采取一批有力有效的政策措施，加大扶持力度，创新发展机制，改善基础设施条件，提高公共服务水平，健全市场监管环境，强化乡村生态环境和乡村风貌保护，全面提升乡村旅游发展质量和服务水平，推动乡村旅游成为促进农村经济发展、农业结构调整、农民增收致富的重要力量，成为建设美丽乡村的重要载体。

2017 年，乡村旅游市场需求旺盛、富民效果突出、发展潜力巨大，是新时期居民休闲度假旅游消费的重要方式，也是促进农民增收、农业增效和农村经济社会全面发展的重要力量。[1]明确乡村旅游发展的阶段性特征将有助于加速我国乡村旅游的产业化进程、加速我国的城乡统筹发展、加速乡村旅游参与社会主义新农村建设、美丽乡村建设和乡村振兴战略的积极实践。

2023 年中央一号文件《中共中央国务院关于做好 2023 年全面推进乡村振兴重点工作的意见》正式发布，这是 21 世纪以来第 20 个指导"三农"工作的中央一号文件。同时，为深入贯彻落实中央农村工作会议和《中共中央国务院关于做好 2023 年全面推进乡村振兴重点工作的意见》精神，持续拓展农业多种功能，挖掘乡村多元价值，大力实施乡村休闲旅游精品工程，拓宽农民增收致富渠道，培育乡村新产业新业态，促进宜居宜业和美乡村建设，开展 2023 年中国美丽休闲乡村推介活动。

---

[1] 孙洁. 背上你的行囊，到乡村去！——解读《促进乡村旅游发展提质升级行动方案（2017 年）》[J]. 中国农村科技，2017（08）：22-25.

二、乡村旅游发展的意义

乡村旅游在我国虽然还属于起步阶段，但其发展空间是巨大的，它的发展无论对促进旅游业自身的发展还是对促进广大乡村的发展都有着极大的推动作用。

（一）促进旅游业发展

旅游业的发展有其自身的规律，一个地区经济的发展、人民可支配收入以及闲暇时间的增加是旅游业发展的必要条件。改革开放前，我国旅游业基本上是一种以接待外国客人为主的接待型旅游形式。改革开放后，随着人民收入的增加，人们外出旅游的需求才开始得以实现，国内旅游市场也才开始逐渐繁荣。受消费水平以及消费心理的限制，同时也是旅游发展客观规律的作用，我国最初的旅游以大众观光型旅游居多，旅游的热点目的地以名山大川和现代都市为主。随着经济的快速增长，旅游消费心理的逐渐成熟，国内的旅游消费逐步由以大众观光为主的单一形式，发展成为观光、休闲、度假、商务、会展、探险、生态等多种旅游形式并存的格局。乡村旅游也是在这个时期出现的旅游类型，它的出现是旅游市场的需要，是旅游发展规律的客观表现。

众所周知，当人民的可支配收入达到一定水平的时候，旅游也不再是一种"奢侈品"，休闲、度假也逐渐成为人民生活的"必需品"。特别是随着都市化、现代化进程的加快、紧张的工作节奏，高楼林立的生活空间，空气污染、噪音和光污染等都市以及后现代的一些弊端也逐步显现，使得人们开始怀念和向往自然和谐的乡村田园生活，利用周末和休假日回归乡村去感受、体验乡村自然宁静的环境和纯朴的民风，已经成为大部分现代都市人的需求。我国的乡村旅游正是在这种背景下顺应市场需求而出现的。

乡村旅游的出现一方面为现代都市人提供了一块休闲、度假的空间，为他们紧张、烦躁不安的心情暂时提供了一片恢复、放松的净土，也为他们潜在的回归自然、回归乡村的意识找到了暂时的归属。从这个意义上来看，乡村旅游是现代化和都市化发展的必然要求，是现代化和都市化健康发展中不可或缺的重要支撑要素，是医治现代都市病的一剂良药。

乡村旅游的出现另一方面还极大地丰富了我国的旅游类型，对加快我国的旅游类型，由单一的观光旅游向休闲、度假、体验、自驾、生态、自助等多种形式的旅游类型的发展起到了积极的推动作用，对拉动国内需求、促进假日旅游经济的发展也起到了巨大的促进作用。

（二）推动乡村建设和发展

在具有乡村旅游开发条件，适宜发展乡村旅游的地区，乡村旅游的开展对当地的建设和发展有着不可估量的促进作用，主要表现在以下几个方面。

乡村地区富含丰富的自然、社会和文化资源，通过发展乡村旅游，可以将那些过去未被充分利用的闲置资源转化为有效的资源，进而促使一些已被开发利用的资源更加多功能化，利用效率更高，这有助于让乡村在农业生产和工业生产之外有更多的发展机会。利用传统生产方式效率低下的资源，如今得到了高效利用，实现了显著的生产率提升。在现代工业社会的背景下，乡村的自然环境、文化景观以及基于自然资源的土地利用景观和工农业生产景观，为人们满足多方面需求和利用多种方式提供了机会。随着生产行为的变化，生产结构也发生了相应的改变，资源浪费和生态环境恶化的情况也得到了改善。乡村旅游的兴起使得乡村的各种资源能够更加有效地被利用。对于中国西部地区的乡村发展来说，发展乡村旅游具有尤为重要的意义。西部乡村地区资源种类繁多、范围广阔、数量庞大，但除了一些相对发达的地区，大多数农村地区的产业结构并未充分利用本地资源，在产业结构和资源结构之间仍存在不平衡不匹配的情况。由于农村开发利用有限或者利用方式不合理以及工农牧业开发的方式较为粗放，导致该地区的生产率极低，同时资源的浪费和环境的破坏情况十分严重。在这种情况下，资源的丰富与欠发达并存。实践证明，旅游开发和工农业发展在各种资源利用方式中相互协调，且二者的资源利用率和产出率均位于各产业之首。乡村旅游在西部地区具备突出的优势，因为该地区拥有丰富的资源和独特的特色。通过乡村旅游的发展，可以将西部地区的各类资源进行综合开发和合理利用，从而促进西部地区在经济、社会和生态方面达到最佳效益，真正实现在大开发基础上的"大发展"。

农村产业结构的合理化需要，充分发掘不同地区的优势和特点，并在市场基础之上合理划分各地区的经济角色，实现地域间经济系统的有效运转。产业结构的形成是根据地区的实际情况制订的，需要考虑自然环境、社会经济和市场条件等诸多因素。不同地区的乡村之间在自然环境、资源条件、劳动力状况、基础设施等方面存在明显的差异，这些差异也导致了不同的农村产业结构。乡村和城市的最显著差异在于地理位置，这也是为什么我们需要把它们区分开来的原因。乡村独有的自然风光和资源是无可替代的，这是乡村旅游蓬勃发展的优势和特点。尽管可能存在相似的乡村地域景观和资源，但是不同的区域能够展现出独特的自然特点和文化传统，每个区域都具有相对的优势和特色，这是乡村旅游发展的现实依据。中国的东部、中部、西部三大地区，各有其独特的乡村优势和特色。西部的乡村旅游之所以独具特色，是因为具有丰富的产业化经营基地和各种精心打造的人工景观。中部地区有广阔的耕地面积和密集的人口，具备丰富的耕地资源。这个地区的气候温和，非常适合各种种植业和养殖业的发展，因此，成了主要的粮棉油生产区域。乡村旅游在各专业化产区的发展受到了充分重视，丰富的资源和独特的优势特色得到了充分展现。西部地区人烟稀少，但却富含丰富的自然和劳动力资源，其中特色资源突出，农村环境、文化以及民族风俗也具有优势。本地农村工业发展面临很多限制性因素，因此存在困难。此外，由于市场尚未成熟，使得其处在竞争中不利的地位。乡村旅游在该地区是一项潜力巨大的产业，也是能充分发挥当地农村优势和特色的产业。

任何产业的发展都必须考虑市场需求，因为产业结构的合理性取决于市场的需求情况。乡村旅游是随着市场需求的增长逐渐兴起的一种旅游模式。它是满足了人们在基本满足生活必需品需求后，对更高层次的消费体验的追求，符合市场的需求和推动。乡村旅游的形式和内容因地而异，因为每个地区的市场对象、规模和消费水平都不同。沿海地区和西部地区在乡村旅游发展方面的模式存在较为显著的差异。前者可能更注重人工创造的景观，而后者则更强调自然、民俗风情的原生态特色凸显。这反映了对特色的坚持，同时也反映了市场的选择。市场结构是乡村发展的基础前提。乡村的长期落后，尤其是西部地区的乡村落后，缺乏完整的市场结构是主要原因之一。乡村旅游的蓬勃发展促进了乡村资源和市场的紧密联系，完善了区域市场结构，使得乡村所拥有的资源优势能够变成市场竞争优势并直接面向市场。这使得产品得以直接输送到市场，增强了乡村居民参与市场的能力，使其能够更充分地参与到发展之中。

随着我国农业生产效率的不断提高，农村可用劳动力将持续增加，因此劳动力转移的压力也会逐渐增大。相对于土地和原材料等物质资源，调整农村剩余劳动力的就业结构是最为具有挑战性的。这是因为劳动力分配结构的变化与其他生产要素的变化方式有根本的差别。其他要素的变化是指物质资源的改变，而劳动力就业结构的变化是指经济主体有意识地改变分配方式和行为。乡村旅游的兴起为农村剩余劳动力提供了一种便利的方式来调整就业结构。乡村旅游吸纳的剩余劳动力就业地域并未改变，这意味着不必担心农村劳动力因文化差异难以适应城市生活而转移就业的问题。其次，与其他就业方式相比，乡村旅游就业所需的技能相对容易掌握，这意味着劳动力转移时不会遇到技术障碍。最终，通过推进农村旅游业的发展，多余劳动力自然会在文化和技能方面得到提高，为他们顺利迁移到城市打下了坚实的基础。乡村旅游的发展促进了劳动力的转移，人们从原来的兼职或副业逐步转型为专业从事旅游业的人员。农村市场经济不够成熟，导致每个农户都依赖他们的土地来生存。因此，当他们尝试从事旅游业时，他们往往不会完全抛弃他们的土地，以便有一个支撑非农产业的备用计划。因为缺乏经验，农民在开始涉足旅游业时，并不会立即放弃农业，而是先以农业为主业，同时开展旅游业活动，然后逐步实现向以旅游业为主业的转变；由于农业经济基础存在差异，发展不完善的区域农业领域获得的资金相对有限，于是农民将资金注入到旅游业等投资回报快、效益优秀的领域，从而推动劳动力向旅游业行业转移。

乡村旅游的兴起吸引了大量游客前来乡村旅行，也为乡村注入了外来文化和信息。因为游客主要来自经济繁荣的城市，与当地人交往时，他们所展示出的现代文明特征，例如衣着、饮食、住宿和交通方式，会对当地人产生深远的影响。其次，一些注重健康的旅游项目已经涉足广泛的乡村地区，随之而来的是健康知识的引入，这有助于乡村消除封建残留思想，改变过去乡村地区不健康生活习惯和不文明行为的现象。乡村旅游有助于保护偏远的山区，特别是少数民族地区的文化。

为了发展乡村旅游，必须加快当地基础设施建设，包括卫生设施、排水系统和道路交通系统等。这不仅能够提升当地的基础设施水平，也可以改善乡村环境，从而达到建设整洁美丽乡村的目标，符合社会主义新农村的发展方向。首先，乡村基础设施的提升直接助力了乡村美观整洁的目标达成。此外，在乡村旅游中修缮民居和道路，可以促进乡村村容整洁的目标实现。最后，开展乡村旅游有望提升当地农民的环保意识。

在推动乡村旅游发展的过程中，通常会强调村民参与的重要性。乡村旅游的繁荣不仅需要当地村民的积极参与，而且村民自身也需要对发展乡村旅游表现出极大的兴趣，因为这对于改善他们生活质量具有重要意义。通过开展乡村旅游，村民会意识到其带来的经济效益，并不满足于仅仅按照政府的规定去办事。他们希望政府可以在主导决策的同时考虑他们的意见和利益，甚至参与其中，以便真正成为乡村旅游发展的核心。这样，村民的经济实力和思想准备都得到提高，乡村地区的民主参与意识也会得到大大提高，有利于实现社会主义新农村所要求的管理民主的目标。

第三节 乡村旅游与乡村振兴的双向推动

乡村旅游是乡村振兴的重要突破口，是推动乡村经济现代化的新型产业手段，是推动农村发展、农业转型和农民致富的新型途径。发展乡村旅游完美满足了乡村振兴战略产业兴旺、生态宜居、乡风文明、治理有效、生活富裕的五大总体要求。

乡村旅游是乡村经济发展的重要载体。充分发挥乡村旅游在乡村经济发展中的优势地位和引领作用，促进乡村产业升级、投资升级和消费升级，推动产业和乡村经济发展。首先，发展乡村旅游有助于促进产业升级。通过发展乡村旅游，将有力地促进农村第一产业、第二产业、第三产业融合发展，依托新的农村产业优势推进农村产业升级，增强农业的产业吸引力。其次，发展乡村旅游有助于推动投资升级。乡村旅游作为一种综合性产业，能有效激活以乡村环境、传统村落、特色文化、传统生活方式等为代表的潜力要素资源，吸引大量资本市场跟进，迎来新一轮投资热潮。最后，发展乡村旅游有助于拉动消费升级。乡村旅游以市场消费需求为导向，整合要素资源，开发新业态、新产品，打造新消费空间，培育新消费群体，拉动消费升级。

乡村旅游是实现乡村文化复兴的有效手段。发展乡村旅游有助于传承发扬传统文化、构建乡村文明体系、促进农村文化蓬勃发展、为乡村文化的发展注入新活力。首先，有助于传统文化的传承发扬。发展乡村旅游为乡村传统文化提供了优质的空间载体和创新的传承方式，有助于传统文化的再发现、保护、提升和利用，并在多元碰撞中促进文化交流，让传统文化再现新颜、焕发生机。其次，有助于乡村文化的创新发展。乡村旅游的发展吸引了大批动漫、文创、互联网、时尚等新兴产业的优秀企业和人才，为乡村文化生根发芽、创新发展提供了优渥的生长土壤。最后，有助于乡村文明的培育提升。乡村旅游对于环境卫生、社会风貌、服务水平及文明程度的要求，将大大推动村容村貌的改变、环境卫生条件的改善、村民素质和服务意识的提高，有利于营造新环境、培育新农民、倡导新风尚。

一、乡村振兴促进乡村旅游发展

我国乡村受内部发展和外部条件的多重限制，长期处于区域经济增长的边缘地带，加之受资源利用粗放、空间布局混乱、产业结构失调等问题的影响，乡村产业处于结构性落后状态。如何通过合理整合资源，打造符合乡村特色的产业体系成为实现乡村振兴产业兴旺的重点。旅游产业体系是发展中国家减少贫困的有效工具。随着党的十九大将乡村旅游定位为解决"新三农"问题的总纲领，各级政府更为重视乡村旅游，为乡村旅游发展建立了更精准的政策支撑体系，在资金政策、土地政策、人才政策以及市场监管等方面形成全方位制度体系，促进了乡村旅游产业的发展和空间布局的完善。

（一）乡村振兴孵化乡村旅游产业

乡村振兴相关政策的制定为乡村旅游产业发展提供了坚实的保障。产业兴旺是实现乡村振兴的基础，乡村旅游作为传统农业的后续产业，对优化乡村产业结构、提高经济效益有着十分重要的意义，大部分地区将旅游产业作为乡村振兴的先导产业，而从制度层面推进乡村旅游，将有效地促进其产业发展。

从宏观层面看，国家意志为乡村旅游产业的成长提供了政策基础和制度保证，产业的发展和培育必须要有特定的外部环境，尤其在受宏观政策调控影响较为明显的地区，政策支持具有更现实的意义。从国家政策推动乡村旅游发展的实践来看，为深入推动乡村振兴理念的贯彻落实，迎合国内旅游市场的快速增长，适应乡村旅游市场的旺盛需求，从2017年起，国务院及有关部委从不同的角度对乡村旅游制定了包括产业融合、田园综合体建设、产业园区建设以及特色产业支持等在内的与旅游相关的产业性政策，有效保障了乡村旅游产业建设管理的一体化水平。故而乡村振兴理念的政策落实，有助于形成乡村旅游产业培育平台，因地制宜打造地区优势产业，推动一、二、三产业有机融合，为乡村旅游产业发展提供了坚实的基础。

（二）乡村振兴优化乡村旅游关系

乡村振兴有关政策的提出，提升乡村认同感、归属感，促进人口留村、回村，有助于优化乡村旅游劳动关系、社会关系。自改革开放起城乡人口互动政策发生改变以来，乡村人口向城市外流持续增加，乡村"空心化""老龄化"等问题长期积累。自党中央提出一系列发展乡村、振兴乡村的政策以来，乡村人口外流问题开始缓解，部分外出打工人员回村就业。人员回流使留守乡村的青年、精英增加，为乡村旅游发展提供了人力，促进了乡村旅游产业向好发展。皇都侗文化村就是一个典例，该村位于湖南省通道侗族自治县"百里侗文化长廊"中心地带的坪坦乡，属于深度贫困地区。长期以来，村里的年轻人不断以打工和经营的渠道流入城市，村内常住居民主体是老年人和留守儿童，乡村社会关系结构失调，治理成效低下。在乡村振兴的政策背景下，侗族文化村村民借助乡村旅游产业平台，返乡就业，利用侗族芦笙曲、山歌等传统风情文化，大放历史沉淀浓厚的侗族歌舞魅力。在2018年，在实现文旅兴镇、文旅扶贫的同时，进一步拉动人才返乡，促进乡村原本社会关系和老幼失养等问题的改善。乡村振兴的根本目的是要使百姓生活好起来，这也是村民实实在在的获得感的体现。乡村振兴、旅游发展吸引外出农民工回流，社区关系、社会治理、留守儿童、孤寡老人等乡村问题将得以有效缓解，促进乡村稳步发展。

可见，乡村振兴战略促进村民回流，乡村旅游为乡村居民就地就业提供机会，回村居民为乡村旅游发展提供人力，乡村产业发展、人口保持、推动社会关系优化、缓解乡村综合问题，充分体现了乡村振兴与旅游发展带来的多赢发展优势。

（三）乡村振兴强化乡村旅游空间

乡村振兴相关政策的提出，将有利于乡村空间，尤其是旅游空间的强化。以往由于政策引导偏向重城市发展，轻乡村建设，致使城乡二元化格局长期存在，乡村规划的重视程度不高，呈现精细化建设程度不足、空间布局缺乏技术性安排的问题。生产空间与产业发展有关，凸显乡村旅游产品的生产及服务能力；生活空间侧重满足人类生活居住，凸显其公共服务的便利及人居环境的适宜。

对于乡村居民来说，生产空间集约高效、生活空间宜居适度、生态空间山清水秀，会推动乡村居民幸福感和获得感的增强。对于城市居民来说，优美的生态环境、独特的生活气息和绿色的生产空间能满足城市居民放松心情、回归自然的身心需要。乡村振兴理念的落实在耕地布局、生态文明、绿色化建设等方面的体制改革会推动乡村地表空间的演化，使得乡村空间格局更加合理，空间质量更加优化。

总体来看，乡村生产、生活和生态空间承担了乡村居民美好生活空间和城市居民幸福游憩空间的功能。自乡村振兴理念提出后，国家政策推动"三生"空间价值，进一步向游憩空间转化。空间优化和功能延伸能够刺激周边巨大的旅游需求市场，赋予了乡村空间更多的现实意义，使得乡村空间成为乡村居民追求美好生活的空间载体，从而倒推乡村旅游业发展的提质升级。因此，乡村振兴相关政策理清了乡村空间功能，优化了空间布局，积极推动乡村旅游产业发展。

二、乡村旅游反哺乡村振兴

（一）经济效应

乡村旅游发展有利于整合资源、带动消费、促进就业，成为打造乡村产业体系、发展乡村社会经济、实现乡村振兴的重要抓手。农村经济基础薄弱是我国经济社会发展过程中长期积累的结果，由于我国实施优先发展城镇和非农产业的政策，导致资金、技术、人才和发展机会趋于向城镇聚集，乡村产业长期得不到足够的综合性政策关注，陷入结构不完善、发展不充分的困境。

落后地区在产业基础、区位条件、资金技术等方面处于明显劣势地位，但从现代休闲旅游产业发展来看，异质性是旅游吸引物的首要特征，"老、少、边"地区落后的背后，其老区红色文化、少数民族文化、边区地理地貌与生态环境等独特资源，恰恰可能成为旅游发展的优势条件。改革开放以来，我国城市化进程持续推进，国民经济迅速发展，旅游消费观念也在不断由都市观光向乡村休闲转变，大力推动城市居民到乡村旅游观光、休闲度假、消费体验。在乡村旅游产业市场蓬勃发展的同时，乡村各类资源的发展活力得到有效激发，经济价值得以大幅提升，农业产业与工业产业、服务产业等随之逐步融合。可见，乡村旅游产业能调整和优化农村产业结构，带动二、三产业的发展，为农村剩余劳动力转移及增加农民收入创造了条件，为乡村振兴打造了经济基础。

乡村旅游产业较农业产业而言，收入高、见效快、带动效应强，能为乡村发展带来明显经济效应。进入21世纪以来，旨在破解农村、农业、农民问题、缩小城乡差距，中国相继实施了统筹城乡发展、新农村建设、城乡一体化和新型城镇化等宏观战略，乡村因此得到较快发展。以乡村旅游发展所带来的经济效应能有效解决乡村贫困、提高农民生活水平提高，旅游产业在促进我国农民就业增收、农村经济发展、脱贫致富等方面成为中坚力量。

（二）社会效应

乡村旅游促进城市文明与乡村文明的双向交流，有助于社会进步、文化保护。城市人走进乡村，以休闲观光、旅游度假、健康疗养、农事体验等方式满足身心需求、获得精神享受，这是乡村旅游的直接作用，同时，农村休闲放松、尊重自然的生活状态，乡里乡亲互帮互助、融洽无间的人情关系等，也会感染、触动城市游客，使其得到心灵的涤荡。城市游客的到来，会带来新鲜、先进的文化与观念，相对闭塞、滞后的村民由此增长见识、思想进步、观念更新。

游客把先进理念带入乡村、村民将乡情传播四方对社会进步有一定积极意义。另外，乡村民风民俗、古屋古宅是乡土文化的重要体现，这些传统物质与非物质遗产既有美学价值，又有教育价值、文化价值；游客既能欣赏其独特表现形式，又能增长知识，对游客极具吸引力。为实现旅游的高质量发展，乡村需要对这些传统文化进行保护挖掘、合理开发，实现文化与旅游的融合发展，在这个过程中，传统优秀文化得到有效的保护和传承。同时，旅游发展能提高乡村的知名度，知名度的提高有助于激发村民的自豪感，并对乡村文化产生认同，进而增强对乡村的归属感。因此，从社会文化发展的角度而言，乡村旅游具有明显的社会效应。

乡村旅游促进农民素质提高、环境质量改善，有助于倒逼乡村发展、优化社会治理。乡村旅游是一种高层次的旅游体验，对于乡村的基础设施、接待能力、服务水平都有较高要求，为追求长效发展，乡村旅游目的地必须不断改善环境建设与基础设施建设。经营者需要改善经营环境，同时通过培训提高员工交流能力、礼仪规范、服务标准、知识水平等乡村旅游的基础服务能力。这些人员基本为当地农民，他们通过培训，其综合素质随之有所提升，有效提高了农民素质，有利于精神文明建设。此外，据世界旅游组织测算，旅游业每增加一个直接就业人员，能创造五个以上的就业机会，其乘数效应明显，能有效带动就业，同时，乡村旅游促进三产联动带动区域经济发展，能增加农民收入渠道。

"空心化"是乡村振兴中需要解决的根本性问题，也是乡村社会问题的根源，而其主要原因是劳动力流失，尤其是精英、青年的流失。青壮年、精英流失导致乡村社会治理的实际参与群体以老人等弱势群体为主，治理决策效益偏低，执行政策的鼓动能力不强，使乡村社会普遍面临着内生发展乏力的困境。乡村旅游对就业、增收的带动作用，能减少人员流失，促进人力资源回流。由此可见，随着旅游繁荣发展，能为吸引劳动力回流营造良好氛围，劳动力向乡村回流，有助于乡村走出社会治理困境。随着国民经济水平提高，市场需求将不断扩张，加之国家旅游扶贫战略的引导，乡村旅游产业将逐渐成为乡村振兴的重点产业。

（三）生态效应

乡村旅游的发展有利于改善生态环境，转化经济价值。生态环境是乡村旅游产业发展的基础资源和战略资源，二者既相互依存，又相互制约。乡村旅游立足于乡村优越的自然资源和丰富的人文资源，其中生态环境是乡村旅游的重要发展载体与核心引力源泉。优质的生态环境为乡村旅游提供前提条件,为发挥生态资源的利用价值,需依托其原生性并进行适当改造、合理开发,以适应旅游发展的需要。为进一步提高资源环境吸引力,政府及开发商、运营商会对乡村进行综合环境整治,开展道路的补植、新植、扩植等绿化工程、户外标识标牌外观、内容等美化工程,以及标志性景点灯光的亮化工程,从而改善村容村貌,提高乡村生态环境质量。乡村旅游发展过程中对乡村生态环境的开发利用,将实现生态价值向经济价值的转化,促进乡村经济发展。因此,乡村旅游产业通过对目的地生态环境的开发利用,不但能改善生态环境,营造乡村生态空间,而且能提高生态环境的综合价值,推动乡村高质量发展。

乡村旅游有助于环境保护与可持续发展。近年来,农村环境受工业化和城镇化进程进一步加快的影响,耕地面积减少、空气质量恶化、水土资源状态不佳、废弃物污染问题突出、乡村风貌破坏,导致我国乡村生态环境持续恶化。乡村旅游发展依赖于生态环境,为实现乡村旅游长效发展,加强生态环境保护是其发展的根本前提,保证在实现乡村社会经济发展的同时,保护好生态自然环境,实现乡村既促进经济进步,又实现环境保护的双重发展目标,是乡村旅游可持续发展的基本原则。乡村旅游地自然生态环境和资源保护得越好,就越能吸引游客,越具有市场竞争力,并会带来更大的经济效益和社会效益,在这种效益的驱动下,乡村旅游利益相关主体的资源和生态环境保护意识会不断提升,从而实现保护—获益—保护的良性循环。因此,乡村旅游产业发展与环境保护是螺旋式互助的关系,二者相辅相成,共同促进。推动生态环境改善,保证乡村可持续发展,是践行乡村振兴战略的关键所在。

第三章　乡村振兴视域下的乡村旅游

乡村旅游能有效促进我国乡村地区经济的发展。本章主要从乡村振兴视域下乡村旅游的保障要素、空间格局以及发展的效应与模式，对乡村振兴视域下的乡村旅游进行阐述。

第一节　乡村振兴视域下乡村旅游的保障要素

一、人力资源保障要素

乡村旅游的发展在很大程度上依赖于旅游人才的供给情况。促进乡村旅游业长效发展和竞争取胜的关键，往往在于乡村旅游人力资源开发，尤其是专业人才的培养和应用，也是乡村旅游业持续发展的可靠保障。

乡村地区是我国主要的地域类型，不仅占地面积广阔，而且人口总数庞大，许多乡村年轻人都是潜在的优质人力资源。而且，针对农村人口的教育和培训也是我国当下教育工作的热点之一。综合来看，发展乡村旅游的人力资源条件，在我国乡村较为扎实，不仅总量大，而且综合素质相对优秀，适合作为旅游业人才专门培养。

受到快速发展的市场经济的影响，现代农村的农民大都具有较为准确的市场经济认知和盈利意识，对第三产业的态度也有所改观，开始有意识地为农产品和农业生产增添附加值，尤其是乡村旅游服务业，近年来愈发受到农村居民的重视和培养。农村居民对"旅游"的认识从以往的"不务正业"逐渐转变为"兴趣爱好"和"收入来源"，认可了其在为城市游客带来愉悦体验的同时，又能给乡村居民创造额外收入的价值，也将旅游服务视为一种正当的行业，认为这是一种对职业技能和专业知识都有特定要求的职业，而非"伺候人"的底层职业。在观念变迁和产业结构转变的驱使下，越来越多的农民开始投身乡村地区的旅游业务，使我国乡村旅游产业的建设得到了广泛的人力资源支持。

当然，乡村地区的旅游人力资源也并非没有缺陷。虽然旅游资源足够丰富，但旅游方面的高素质人才相对匮乏，很多导游、讲解、服务员甚至是出于盈利目的自发参与其中，缺少真正眼光长远、管理娴熟、经营得当的旅游人员。而且，相比城市而言，乡村获得的教育资源比较有限，信息渠道也相对狭隘，人才的培养和素质提升都相对比较困难，这就阻碍了旅游资源的进一步开发和充分利用，也不利于乡村经济的可持续发展。

首先，业余旅游服务人员的爱岗敬业精神普遍不及专业人员，职业道德意识有待提升，一些乡村旅游从业人员只是将旅游工作作为一种快速牟利的渠道，用完成任务的心态对待岗位工作，对游客缺乏责任感和热情的态度，甚至拉客宰客者也不在少数，这种行为不仅拉低了旅游质量，还会影响游客对乡村旅游的印象，有损乡村形象，对乡村旅游的长期发展形成长久，且恶劣的影响。

其次，有些乡村服务人员虽然主观上持有真诚的工作态度，但客观上不具备熟练的客房服务技能，一些客房服务人员不懂得客房服务的一些常识，不知道该如何保持客厅、公共卫生间等的清洁卫生；不知道如何处理完整的客房迎宾接待服务流程，也无从贯彻宾客至上、服务第一的现代服务理念，和城市的专业服务更是存在很大差距，游客会感到服务完整度和专业性欠缺，无法满足全方位的出游要求。

再次，乡村的餐饮服务质量也有待提升。部分地区的设备条件和服务人员意识都比较有限，餐饮卫生状况不达标，餐厅服务人员也没有反馈意识，只负责传递菜肴，不考虑客人的用餐体验，更不主动询问客人对餐厅及服务的意见，不进一步考虑顾客的要求——这对于没有接受过系统性的服务训练的乡村人员来说，其实是很正常的，但对游客来说却是一种负面的影响因素，不仅留下卫生隐患，还会使游客认为自己被景点工作人员忽视，以致农家的热情和真诚无以体现。

第四，虽然是土生土长的人士，但乡村导游不一定具备作为专业服务人员应有的文化知识，表达能力也比较有限，讲解的感染力不足。根据市场调查，目前很多游客对乡村本土的导游讲解人员水平持观望甚至不满的态度，主要问题是他们只会背导游词，对游客提出的问题不能给予很好的解答；还有的导游对导游词理解不够，导游词内容创新不够；有的导游人员普通话不标准，方言较多，影响了游客的理解，讲解效果不好。

最后，乡村旅游的服务人数虽然总量较大，但年轻人占比相对低。大量乡村年轻人口流入城市寻求经济利益，导致农村人口结构老龄化发展，已经是我国农村建设进程中出现的普遍难题。城市规模急剧扩张、城乡差距拉大等因素促使大量年轻力壮的村民流入城市，并向往、留恋城市生活，长期不返乡工作。这对于乡村旅游发展来说，当然是不利的，无论是旅游基础设施建设，还是服务工作，都需要大量年轻壮劳力作为支持。当下，农村旅游建设受到来自国家和社会多个层面的关注，属于潜力无限的朝阳产业，不仅能为农村年轻人提供大量的工作岗位，解决就业问题，还能创造巨大的经济收益；反之，年轻劳动力大量流失会为乡村旅游建设带来阻碍，并制约乡村的长效发展。为了解决此类问题，国家和政府有必要加大乡村旅游的宣传力度和扶持力度，让更多农村年轻人认识到乡村旅游行业的社会效益和建设意义，自发投入其中，而这也是缓解农村人口老龄化问题的有效措施之一。

随着农村劳动力转移步伐的加快，农村人才流失比较严重，人才缺失已成为制约农村经济社会发展的瓶颈。乡村旅游在遵循乡村振兴战略下，要完成汇聚人才的目的，需要造就一批批具有开阔视野、勇于开拓的新型职业农民。充分围绕当地乡村旅游的发展需求，广泛发掘在农村当地受教育程度较高、思维活跃，有先进思想的潜在乡土人才资源，以农村的种植大户、养殖大户、青年致富带头人等作为榜样、激发大家的热情。

乡村建设要千方百计增加农民收入，建设生态家园，凸显农耕文化，展示地方风土人情，促进城乡一体化，大力开发乡村旅游业。无论是从目前来看，还是从未来长远性来看，农业都是农村发展中最重要的产业。促进农村的产业化经营，扩大农村的产业链，是乡村建设和增加农村农民收入的重要工作之一。农民是乡村旅游发展的主体，乡村旅游要想获得更好的发展，就要加强农民的专业培训工作。

乡村振兴战略的实现离不开人才的加入，当这个战略口号提出来之后，许多人才开始加入乡村；当乡村经济发展繁荣后也会留住这些人才，这就为乡村旅游业的发展储备了人才。乡村应该充分利用的一流教育资源，联合高校为乡村建设提供更多优秀的人才，为乡村旅游行业的整个发展过程提供服务，高校要开办有关生态保护、植被保护、乡村旅游建设与产品开发、管理经营旅游业等专业，欢迎这类专业的大学毕业生来乡村实习，通过现场授课的方式积累工作经验。此外，也要兼顾乡村旅游业周边配套设施的建设，加强市场营销、经管物管、电商会展、文化旅游等方面的人才培养，支持旅游业的发展。与乡村旅游有关的公司企业也要有主动学习的态度以及寻求发展的理念，与科研机关和多家高校进行合作；对乡村的村民进行惠民教育、推行阳光工程、雨露计划及新农民培训等，经常举办专家讲座或者开通线上教育，传播乡村旅游的有关知识，引导他们提高管理能力，宣传旅游文化等，争取多培养一些具备专业知识和经验、各方面素质高的乡村旅游综合型人才，为乡村旅游业的长久发展提供保障。

二、政策资金保障要素

党的二十大报告提出："全面推进乡村振兴。……加快建设农业强国，扎实推动乡村产业、人才、文化、生态、组织振兴。"[①] 乡村旅游是实施乡村振兴战略的重要抓手，在促进欠发达地区乡村建设、农民就业、农民增收、农民科学文化素质提升、促进社会和谐等方面发挥着重要的作用。乡村旅游在快速发展的同时，也出现了一些问题。为了让乡村旅游获得更好发展，应科学统筹规划布局，加大资金保障力度促进乡村旅游健康可持续发展。

过去有一句话，叫作"国家的城镇化，本质上是人的城镇化"，意思是只有在城镇中创造足够的就业岗位，把人留住，才能叫真正的城镇化，否则不管在城市中修建多少现代化的建筑，如果无法留下高端人才，也是没有任何意义的。这句话反过来说也是一样：要想振兴乡村，归根结底是要振兴乡村中的人，是要通过科技与资源向乡村中的持续投入，划时代地改变人在乡村中的生活方式，而不

---

① 习近平．高举中国特色社会主义伟大旗帜　为全面建设社会主义现代化国家而团结奋斗——在中国共产党第二十次全国代表大会上的报告 [J]．创造，2022，30（11）：6-29．

是一句简单的"把人留在乡村"就可以的。

其实,把人从乡村带入城市,和把人从城市重新吸引回乡村,这并不矛盾,甚至可以说是经济社会发展中一以贯之的两环。因为如今的乡村振兴建设,并不是让人们回到乡村过去几十年前那种贫穷、闭塞、落后的生活,而是让人们在不降低现有的现代化生活水平的基础上,还能充分享受到乡村与自然带给人的快乐,而非别无选择地生活在钢筋水泥的丛林当中。本质上讲,它是一种对现代城市生活的反思与补充,而不是否定和倒退。这并不难想象:如果乡村能为居民提供水、电、网络和物流一应俱全的干净卫生的环境,以及高度便捷的交通网络、优美宜人的自然环境,必然会有许多人情愿舍弃城市的公寓楼和住宅区。但是,要想把人留在乡村并不简单。一个地方能容纳多少人口,归根结底是由此地能够提供的工作岗位所决定的。要想让人们能够以一个较高生活水平长时间留在乡村中,而不仅仅是下乡几天旅个游,归根结底,是必须要让乡村本身产生造血能力,让高素质的劳动者们在乡村同样能有用武之地。因此,不能仅仅把乡村振兴理解为大水漫灌式地撒钱,而是要进行扎实的基础设施投资,让乡村无论是生活还是工作都能像城市一样便利,进而才能让人才走入乡村,为乡村创造真正的产值。而这里所说的"基础设施",也绝不仅仅是我们传统中认为的修路造桥。在信息时代,"基础设施"有着更加重要的内涵,那就是更加便捷的信息流动:5G。与早期城镇化的粗放发展不同,乡村振兴应当是一项相当精细的工作。乡村与自然环境联系紧密,不像城镇一样千篇一律。而我国幅员辽阔,不同地域之间的自然禀赋差异巨大,平原与山区不同,北方与南方又不同,在某地行之有效的发展方案,到了另一地很可能完全不可行。5G在乡村能起到什么作用、创造什么价值,又应当如何将5G技术在当地推行下去,这都必须要结合当地的实际来仔细探索。

乡村旅游与民宿旅游的概念密切相关,这一项目最早起源于日本、英国和中国台湾地区,发展历程并不长久,大规模兴起的时间至今大约仅持续了30多年。然而,这又毫无疑问是一个潜力巨大的项目,其高盈利性质的商机模式在短短几年内风卷全球,成为全世界旅游产业的一个重要业态。

在长期的旅游规划实践和项目策划工作之后,乡村旅游业从事人员总结了以下几项规律:首先,城市项目越来越难做,可以顺利做项目的城市越来越少,需要精挑细选；有的城市甚至有半数以上的常规地产项目都陷入进退两难的境地，毫无生机可言。其次，跨界项目整合资源力度越来越高，往往一些新兴项目，要求房地产、文化、商业、旅游、养老等几个元素进行综合跨界。资深的房地产人士突然发现，过往的经验已经不适用于当下的发展模式，新兴项目需要的是完全不同的能力和知识储备，越资深的人士越需要刷新自身的知识结构，不能够快速迭代，就无法从房地产的白银时代更新，站在行业潮头。再次，过往的开发逻辑全变，产品销售的逻辑建立在运营基础上。没有运营的支撑，这些过剩的房地产资源也失去了经济效益。主题类房地产回归金融本性，房产价值与运营现金流紧密挂钩。最后，政策导向决定了市场趋势。2014年国家打击房地产泡沫，去化市场存量，允许金融市场适度创新，在从量的增长往质的增长蜕变过程中，文化产业、旅游产业等相关政策决定了市场的新方向。

回顾一下过去一段时间影响力最为深刻的一种房地产项目品类，这个品类的市场力度如此之大，乃至于人们看到的很多项目一经面市，即被当地市场热捧，人流量记录一再被刷新。人流意味着消费力，是现金流、是资产价值的保障。最初行业内部的人员认为这只是个个案，但在走访大江南北之后，则普遍承认，这类项目正处在受到市场热捧的时候，并且完全可以得出结论：这就是正在兴起的新风口——乡村旅游市场。为何这个市场会迅速崛起？这个逻辑很简单，大城市居住的人群开始厌倦了千篇一律的生活，建立在车轮和高铁时代的生活方式又拓展了活动的距离。即使在繁忙、快节奏的条件下，也需要在工作之余休闲、体验生活。现代社会，每个人在出世与入世之间的纠结，在焦虑感与温情体验间徘徊，这就给了当今旅游市场巨大的机会，来自于国人心灵的需求是促进乡村旅游萌发的本源。所以总结来看，这个市场受到两个因素的带动：第一，消费升级带动下的城市微旅游市场迅速崛起；第二，政府政策导向，乡村旅游成为国家旅游业改革创新的重点。

乡村全面振兴乃是一项宏观角度的系统性工程，被国家纳入中华民族伟大复兴的战略筹划之列，是国家推动区域协调发展、解决城乡发展矛盾、高质量实现中国式现代化建设的重要工程。实施乡村振兴战略，是解决人民日益增长的美好生活需要和不平衡不充分发展之间矛盾的必然要求，也是实现全体人民共同富裕的必然要求。乡村振兴战略的全面推广和深化，能够大力改善城乡居民的生活条件、带动农村经济进步，并助力解决城乡发展不平衡的问题，为城乡融合发展贡献力量。发展乡村旅游正是乡村振兴中不可或缺的一步，不仅顺应了新时代国家发展战略的号召，为国家建设的新方向服务；更能借力第三产业，带动农业保质增效、为农民创收增收，保障农村的稳定建设和繁荣发展，为城乡融合一体化构建格局增添力量。2023年，国家扶持农业农村领域各项预算持续增加，将农业强县、龙头企业、合作社、家庭农场、休闲农业和乡村旅游等作为重点扶持对象，财政部提前下达1435亿乡村补助资金，惠农政策突出锁定种植、养殖、加工、流通等板块，其中投资"文旅、农旅"项目的不在少数。乡村旅游是旅游改革核心主题。乡村旅游以旅游度假为宗旨，游居、野行为特色，近年衍生游居、野行、居游、诗意栖居、第二居所、轻建设、场景时代等原创新概念，逐步让乡村旅游从观光式旅游过度为度假式深度体验游，是城乡统筹战略下的突破口，重要性不言而喻。《任务分解表》强调依托当地挖掘文化内涵、突出乡村特点、开发乡村旅游产品；建设特色景观旅游名镇名村；加强乡村旅游培训；发展森林旅游、海洋旅游、大力发展红色旅游；鼓励农村集体经营性建设用地使用权入股、联营等形式与其他单位、个人共同开办旅游企业。

综前所述，要实现乡村旅游的全面振兴和深入建设，离不开政府资金的大力支持。解决财政资金走向的监督保障以及投融资渠道问题，乃是带领乡村旅游振兴走出资金困境的关键。相关部门应重视投入保障制度的设计和实施，以政府投入为乡村旅游发展的引擎，革新现有的投融资策略，促进打造财政优先保障、金融重点倾斜、社会积极参与的多元融资格局，形成良性循环，使全社会在乡村旅游项目上的投入力度持续加大、规模持续扩张。同时，建立多元化融资渠道，主要包括财政补贴，如争取生态建设、水利路网基础设施建设等项目的财政补贴；企业投资，吸引具有先进管理理念和稳定资金流的企业进行投资；银行合作贷款，通过政府担保向金融机构申请小额贷款，专款专用，专项管理；农户自筹资金，等等。另外，政府应与社会主体保持联系，社会主体也应配合政府工作和指导，双方共同塑造一种共享利益、共担风险的一体化关系，保持全程有效合作。这种合作模式的优势在于，在缩减社会主体承担的投资风险的同时，还能够有效减轻政府的开支负担。至于用水、电力通信、农田水利等经营性项目的投资，政府应充分放权，采取特许经营、投资补助等多种形式，按照谁投资、谁受益的原则，鼓励和吸纳广泛的社会资金参与投资，由此改善发展乡村旅游项目过程中资金匮乏的现状。

补充弱项，弥补政策缺失。在乡村振兴发展的大方向下，要遵循中央政府制定的振兴计划，政府对乡村旅游推出了一些管理以及扶助方面的措施，以期对旅游资源进行科学合理地开发。但是，从目前的情况看，经营和服务规定还没有完全制定妥当，要在抓住乡村振兴机遇的同时，对民宿发展制订一系列的管理规范，根据民宿的地点、内部设施、安保方面、卫生条件、服务态度、特色主题等软硬件条件进行评价，把乡村的民宿评为不同的等级，对将来的民俗业务实行多层次，多方向发展，实现产业规划合理、床位数量适中、整体品质提高的目的，这样才能促进乡村旅游业的发展，同时也为乡村振兴战略的实现提供更有利条件。

合理分配开发资金，争取上级扶持。由于国家大力支持乡村振兴，所以地方政府也对乡村建设提供了很多资金支持，政府也不例外，在国家政策的引导下，为了推动乡村经济，实现乡村振兴的愿望，对乡村产业投入了大量资金支持。把支持重点转移到了特色化、精品化上面，把资金奖励的标准提高，充分发挥金钱的作用，将资金用在刀刃上，集中财力做大事。但是只靠乡村政府的资金支持，还不足以支撑民俗方面的长久发展，一个产业的长久发展，离不开上级政府在政策以及资金方面的支持，因此乡村政府要与上级有关部门多沟通交流，争取得到资金支持。

第二节　乡村振兴视域下乡村旅游的空间格局

一、乡村旅游的空间格局分类

（一）城市依托型

城市依托型乡村旅游是一种特殊的城市郊区游憩活动空间，是随着乡村振兴战略产生并发展起来的新型城镇化模式,是随着乡村振兴和城乡一体化建设兴起的新业态。

城市依托型乡村旅游的活动空间基本围绕城市郊区生成,因此主体客源也大都是城市居民,与城市核心区域的交通通达度很高,交通比较方便,以农业生产场所及过程和乡村的村容村貌、生活方式、自然环境等为旅游项目的主要卖点,迎合旅客的多方面需求,包括观光、放松、娱乐、眼界等,让游客近距离和乡村、农业直接相关的旅游景观和人文事物接触,空间上呈现环城市外围较密集分布的结构。

1. 空间布局

(1)中国乡村旅游地在大、中城市周围的分布总体上呈距离衰减趋势(并不是一开始就呈现衰减,而是逐步增加,至30千米之后,才出现衰减现象),即与城市的距离越远,乡村旅游地分布越少。

(2)在两个密集带之间距中心城市50千米左右,会出现一个明显的乡村旅游地低谷带,受周边中心地的干扰而形成。

2. 发展特征

(1)资源特征

在乡村振兴战略的影响下,城市依托乡村旅游资源呈现出圈层分布的特征,一般由近郊非典型乡村旅游资源带、中郊典型乡村旅游资源带和远郊生态型乡村旅游资源带三个圈层组成。同一圈层的乡村旅游资源差异不明显,呈现同质化的趋势。由于中心城市涵盖城郊,在同一圈层中的自然地理和人文地理环境十分相似,乡村旅游资源的生成条件大体一致,乡村旅游资源类型大致相同,本身没有太大的差异,呈现出外部相似的宏观特征和资源同质化的趋势。

(2)产品特征

与其他旅游产品相比,乡村旅游产品的主要特征是乡村性和复合性。

从乡村性特征来看,随着乡村振兴战略的推进和发展,当前一部分乡村旅游产生于城市近郊,展示的是现代农村、农业的风貌,如农业高科技园游览等,但乡村旅游的主流产品仍然是具有原生态的乡村旅游产品。

从复合性特征来看,乡村振兴战略促使乡村旅游产品实现了农业资源的综合利用，使农业资源由单一功能向多功能转化。它将农事活动、自然风光、科技示范、休闲娱乐和环境保护融为一体，生态、生产和生活相结合，实现第一产业与第三产业优势互补，实现生态效益、经济效益、社会效益统一，是现代旅游和农业实现双赢、共同发展的一个重要成果。

由于各种原因，中心城市的乡村旅游产品也出现了一些值得注意的问题，主要有旅游产品同质化倾向、质量参差不齐、空间分布以点状、轴带状不连续分布的问题。

（二）景区依托型

1. 空间布局

随着乡村振兴战略在国内的推广和实施，乡村旅游逐渐出现了一种全新的特征，即景区依托型，并且乡村旅游的景点与依托景区形成了新的空间关系，常见的有散点状分布、点—轴状分布、多核心分布及网状分布形式。

以散点状分布的乡村旅游地常分布在旅游活动区或游客接待区，该类型的分布方式多见于某区域乡村旅游开发的初期阶段。散点状分布的乡村旅游地或游客接待场所是景区依托型乡村旅游初期无序发展的结果，可以由当地政府或相关管理部门进行合理的规划和有益的指导；点—轴状分布是一种类线性分布形态，多出现于乡村旅游发展的中期阶段。

2. 发展特征

（1）景区依附性

景区依托型乡村旅游具有依附在著名景区的边缘区域的明显特征，具有非独立性特征。我国著名的景区大多处于乡村的包围之中，其边缘区域也是我国乡村旅游业开展最早的地区。景区周围的农民在协助景区保护、供给旅游消费品、建立廉价的接待设施等过程中，培养了浓郁的旅游意识和经商意识，逐渐独立发展起乡村旅游业。景区依托型乡村旅游在乡村振兴战略的影响下，逐渐从传统旅游向现代旅游转变，成为推动农村经济增长、促进城乡协调发展的新引擎。

（2）地缘优势性

地缘优势性指某个实体有地理位置上较为接近的优势，这里主要突出其邻近景区的区位优势性，是由于景区依托型乡村位于成熟景区的辐射圈，可利用其相对较好的交通条件发展经济，且因二者地域上相近，文化及环境上具有一致性，可更好地发挥景区依托型乡村的优势作用，逐渐成为一批特色鲜明的特色化村庄或小镇，成为乡村振兴新农村建设的重要组成部分。近年来，国家先后出台一系列政策鼓励社会力量参与到生态文明建设中来，推动我国经济转型升级、促进经济社会高质量发展。同时，各地政府也积极推进乡村振兴的实施和发展，为实现"美丽中国"战略目标提供有力支撑。

二、乡村旅游的空间格局影响因素

（一）地理位置因素

乡村旅游能够发展的核心在于旅游市场的存在。由于城市旅游人口是乡村旅游的主力军，因此接近这些人口居住地的乡村旅游资源便有了先发优势，在乡村振兴战略实施过程中发挥出巨大作用。同时，因为这些乡村旅游资源由于离城市地区较近，因此能够打破时间的限制，城市居民在周末也能进行参观。较远的乡村地区，由于中间路程耗时长，因此只能在较长的休假期才能进行游玩，这些较远地区只有在乡村振兴战略的影响下，逐渐发展并且具有较高知名度或者吸引力时，才能让人们忽略距离的劣势，因此乡村资源的地理位置对其开发以及后期的盈利具有至关重要的作用。

（二）交通通达度

交通是影响乡村资源分布的另一重要因素。随着乡村振兴战略的全面普及，在乡村基本上实现了村村通马路，因此在交通通达度较高的乡村地区，人们可以通过乘坐公共交通工具或者自驾的方式到达旅游地点，因此就算距离较远，仍然能够引发人们去旅游的兴致。与此同时，由于乡村振兴战略在全国范围的先后实施，导致交通不便的西部地区或西北部地区，由于交通通达度较低，人们需要花更多的精力与体力去进行旅游，在这过程中会产生诸多的不便。

第三节　乡村振兴视域下乡村旅游发展的效应与模式

一、乡村旅游发展的效应

(一) 经济效应

1. 增加农村经济收入，促进农村地区经济发展

随着国民经济发展进入平稳期，我国为突破经济发展瓶颈，提出乡村振兴战略，旨在通过大力发展乡村经济，在提升乡村人民生活水平之余，为我国经济发展找寻新的经济增长点。在乡村振兴战略提出后，农业经济快速发展。乡村旅游可以有效利用农村各类资源，发挥地区优势与特色，通过发展乡村旅游，农民可以将一般的生产和生活资料转化为经营性资产，从而获得经济效益。乡村旅游不同于其他产业，其依赖的主要是当地的生态环境资源，如果没有旅游业，这些资源的经济价值非常小，旅游业的发展有效提升了这些资源的经济价值。因此，乡村旅游可以在边远地区兴起并蓬勃发展，能为当地经济发展创造良好的契机，进而促进农村经济的繁荣。

2. 增加农民家庭收入，提高当地村民的生活水平

随着近年来我国乡村振兴的战略提出，国家开始加强对农业经济发展的投入和支持力度，政府为鼓励乡村农业经济发展，先后推出一系列优惠政策来引导农业经济发展。农村第一、二、三产业的深度融合和发展，实现乡村振兴和农民的增收致富。例如，创意农业、观光农业、农事体验、农产品加工、旅游度假、田园养生、科学养老等更多新的业态，迎来更加美好的生活。农民可以凭借土地、房屋、技术等资源入股，实现农民变职工、村民变股民、农民变市民的美好愿望。

如图3-3-1所示，当农村闲置的资源转化为旅游资本后，乡村旅游就会带动相关产业发展，从而为农民提供就业机会，进而使乡村旅游的增收效应得以发挥，最后农民收入的增加，就会进一步扩大投资，使乡村经济进入下一轮的循环。

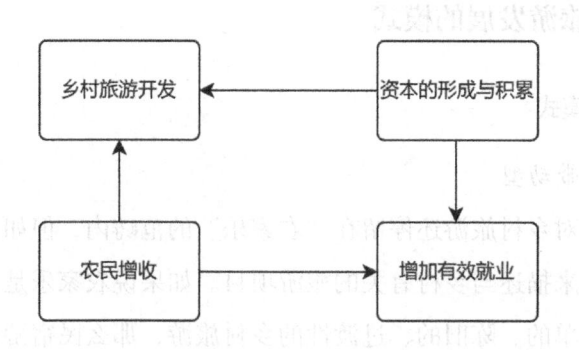

图 3-3-1 乡村旅游良性发展的动态机制图

（二）文化效应

乡村文化是中华文化之根，是乡村旅游之魂，其文化价值决定着乡村的未来。城镇化的快速发展，在带动乡村建设和旅游发展的同时，也对乡村文化产生一定的胁迫效应，导致乡村文化不断受损，并日渐衰落。必须深刻反思城镇化进程中乡村文化保护和乡村旅游发展存在的问题，以乡村性为基础、以文化性为内涵、以真实性为原则、以旅游化为载体，坚持保护为先，留住乡愁记忆，深化理论研究，推动文旅融合，建设田园乡村，提升多元价值，促进乡村振兴。

乡村旅游有助于保护乡村文化和历史遗产，使优秀的民俗文化得以传承，增强乡村社区居民的自豪感。国外的很多研究案例表明，在乡村旅游开发之前，乡村社区的一些独特文化和历史传承很少为人所知，处于逐步衰微的状态，乡村旅游在保留历史传承、发掘乡村文化上起到了较好的作用。

乡村旅游使城市居民可以直观地了解乡村和当地居民，消除对对方的错误和片面理解，从而更好地沟通，这些都有助于构建和谐社会。尤其是青少年，通过乡村旅游可以更好地开阔眼界、增长见识，更全面、客观地了解国家和社会，特别是理解农民的艰苦与奉献精神。

以国家重大战略和乡村文化保护与旅游发展的重要现实需求为导向，围绕乡村振兴与文化旅游发展的战略措施与政策制度、文化保护与旅游利用、产业培育与发展效应等相关问题深入开展研究，为科学保护、合理利用、恢复重构和有效传承乡村文化提供理论依据和应用模式。

二、乡村旅游发展的模式

（一）开发模式

1. 精品民宿带动型

最初，人们对乡村旅游还停留在"农家乐"的范畴内，但如今许多人更倾向于用"民宿游"来描述与乡村有关的旅游项目。如果说农家乐是乡村旅游的原始形态，是一种简单的、陈旧的、过渡性的乡村旅游，那么民宿游就是乡村旅游的升级版，是一种深度的、休闲的、度假的乡村旅游。两者边界在当下乡村旅游中还很难切割，但民宿游肯定是更高业态的乡村旅游。民宿游是乡村旅游发展的必然趋势。

精品民宿带动型主要是指利用乡村闲置农宅，发展高端精品民宿，打造具有知名度和吸引力的民宿集群，形成以民宿体验为着力点，三产融合发展的乡村旅游综合业态模式。以民宿为核心体验产品，围绕旅游元素形成丰富的乡村旅游产品体系，通过成立民宿协会或民宿联盟，形成强有力的区域力量，进而培育出具有明显地域特色的乡村旅游产品品牌，创造出多元化的旅游体验，创设风景优美、环境良好且周边具有良好度假旅游资源的乡村。

文化和旅游部等10部门联合印发的《关于促进乡村民宿高质量发展的指导意见》提出，到2025年，初步形成布局合理、规模适度、内涵丰富、特色鲜明、服务优质的乡村民宿发展格局，乡村民宿产品和服务质量、发展效益、带动作用全面提升，成为旅游业高质量发展和助力全面推进乡村振兴的标志性产品。[①]

数以亿计的城市居民疲于都市的喧嚣和紧张的生活节奏，都倾向于到乡村来度过一段宁静的时光，便捷的现代化交通和扎实的经济基础也为这种愿望创造了物质基础，这些条件共同奠定了民宿游发展的必然性。而且，我国的农民一直以来都对民居建设有着独特的感情，执着于建房造屋等工程，因此完全可以为民宿游提供宽敞舒适廉价的民宿房子。幽雅潇洒的自然景观和独一无二的乡村民俗风

---

① 文化和旅游部 公安部 自然资源部 生态环境部 卫生健康委 应急部 市场监管总局 银保监会 文物局 乡村振兴局关于促进乡村民宿高质量发展的指导意见[J]. 中华人民共和国国务院公报，2022（25）：38-41.

情，为乡村民宿游创造了诱人的大市场。民宿旅游带来最完全的市场经济，更是让农村的变化在短时间内会超过过去数年乃至历史上的积累。随着民宿经济的开发和火热，农村中的空气、河流、田野、一草一木，农村的风俗民情、农耕文化、农副产品，都会成为炙手可热的经济资源。中国拥有长达五千年之久的深远农耕文化，为广阔富饶的农业土地及生息其间的祖祖辈辈孕育了源远流长、色彩鲜明的故事、风俗、文化和传统。如何将泱泱五千年撒满中国广袤土地上的农村文化与现代技术、时尚风潮结合，成为一批行业新锐公司埋头研发、苦心打造的重点。

近年来，乡村民宿成为越来越多游客的选择。尤其是疫情防控常态化背景下，短途游、周边游替代了长途旅游，城市周边的乡村旅游迅速升温，给乡村民宿带来新机遇。乡村民宿可以和乡村旅游景点结合，形成新的自然景观，给予游客与众不同的体验。乡村民宿还可以带动乡村经济，各种农产品、手工艺品可以将民宿作为展示窗口、提供购买渠道，从而带动乡村消费以及乡村投资。乡村民宿是乡村旅游的重要业态，是带动乡村经济增长的重要动力，是助力全面推进乡村振兴的重要抓手。各地实践也充分表明，发展乡村民宿，让更多农民吃上了"旅游饭"，实现家门口就业，也有效增加了农民收入。

民宿经济与当地发展相辅相成。各地政府部门应把乡村民宿发展纳入各地旅游发展规划，以乡村民宿开发为纽带，开展多元业态经营，拓展共享农业、手工制造、特色文化体验、农副产品加工、电商物流等综合业态，打造乡村旅游综合体，延长民宿产业链，为民宿发展提供更多针对性支持和帮助，积极引入资本、人才发展乡村民宿，有效发挥带动效应，促进乡村旅游消费、激发乡村发展活力。旅游企业要努力扩大乡村民宿旅游市场，结合乡村旅游的规划和发展，合理利用自然环境、人文景观、历史文化、文物建筑等资源突出乡村民宿特色，将农耕文化、传统工艺、民俗礼仪等融入乡村民宿产品建设，持续创新一批能够产生较大影响力的旅游产品，推进乡村民宿经济向品质化、规范化、集聚化发展。

期待未来的乡村民宿产业，继续深挖当地生态、文化资源，加强产业融合、突出文化特色、提升服务水平，让乡村民宿成为旅游业高质量发展和助力推进乡村振兴的标志性产品。

乡村民宿立足农村，契合了现代人远离喧嚣、亲近自然、寻味乡愁的美好追求，给人一种释放压力、回归自然的释怀和放松。从具体情况来看，特色鲜明的乡村民宿已成为发展乡村旅游的有效切入点，为当地旅游发展加分不少。从这个意义上说，民宿经济在助力乡村全面振兴中大有可为。但是，我们要清醒地认识到，要想进一步发挥好民宿撬动乡村旅游的支点作用，让民宿经济成为推动乡村全面振兴的新引擎，还有很长的路要走，需要更加深入地思考和探索。

让民宿经济成为乡村全面振兴的新引擎，需要进一步形成推动民宿经济发展的"好气候"。这需要各级文旅部门充分发挥职能优势，根据当地区位条件、资源禀赋、产业基础等情况，精心策划好、建设好具有差异化、个性化、品质化的旅游民宿产品和项目，形成从上而下重视乡村民宿经济发展的"好气候"。

让民宿经济成为乡村全面振兴的新引擎，需要进一步挖掘好当地人文底蕴和文化资源。每一个地方都有自己独特的文化内涵，这是民宿经济发展的根与魂。近年来，不少村镇提出要因地制宜"一村一策"发展乡村民宿，这正是一种对当地文化内涵的保护和挖掘。文化是唯一不褪色的美，只有融入了人文特点的乡村民宿才更有生命力，才会让游客感受到独一无二的情感共鸣。让民宿经济成为乡村全面振兴的新引擎，需要以专业人才做好规范管理，并形成特色品牌。要注重培养一批能力强、善创新、会干事的管理队伍，推动乡村民宿规范发展。同时，要围绕当地特色，不断创新，全力打造出知名度高、美誉度好的民宿品牌。

民宿乡村振兴与民族风情展示经济发展不能丢掉根本。着眼未来，要实现民宿经济高质量发展，还须丰富优质供给，着力提质增效。只有把乡土风貌、特色文化与现代旅游需求有机结合起来，才能让民宿经济为乡村全面振兴注入源源不断的动力。

2. 特色产业开发型

以农业、手工艺品、艺术等特色产业为支撑，通过与旅游深度结合，拓展产品的附加值，提升产品的旅游服务功能，最终形成产业、文化、旅游共同发展的一种特色乡村旅游发展的模式。以特色产业为主，旅游休闲功能为辅。特色产业与旅游业融合度高，游客参与性强，能够吸引城市居民共享共创。适用于支撑产业，特色鲜明，旅游产品附加值高，在市场上具有较高的知名度的乡村。

乡村要振兴，产业兴旺最关键，产业兴，则乡村兴，产业振兴是乡村振兴的基石。全面推进乡村振兴，要以满足市场需求为导向，充分发挥当地乡村资源、产业基础、人文历史等优势，着力培育壮大有本地特色的乡村产业，有力推动乡村振兴"大步走"，更快更好地实现农民增收、农业发展和农村繁荣。

思路决定出路，行动造就未来。培育发展壮大特色产业，要深入挖掘当地的资源禀赋，坚持做到因地制宜、弘扬优势、因势利导，充分调动群众的积极性、主动性，着力打造出更多有特色、有创意、有市场的产品，有效推动乡村产业更快实现价值转化。要充分发挥政府在推动特色产业发展中的引导作用，充分发挥党员干部的示范带动作用，在产业选择、规划、品种选择上，更好地做到适应市场需要、符合当地发展实际，将资源禀赋优势转化为产业优势、产品优势，推动特色产业高质量发展。

培育发展壮大特色产业，既要充分调动群众的积极性、主动性，也要让群众分享更多特色产业发展带来的红利。要坚持以人民为中心的发展思想，在推动特色产业发展的过程中，充分考虑群众的意愿、呼声和要求，鼓励引导群众积极参与、集智聚力，为产业发展注入强大动力。党员干部要坚持走好群众路线，做好群众工作，在善于从群众身上找到推动特色产业发展壮大的"秘籍"的同时，更着力为群众解决生产生活中遇到的困难、难题，维护好群众的切身利益，真正让特色产业成为群众增收的"金钥匙"。

绿水青山就是金山银山。培育壮大特色产业，要立足生态本底，紧盯市场需求，着力将特色产业转化为经济优势，更要坚持走生态优先、绿色发展的道路，让绿水青山持续发挥生态效益和经济效益。要坚持打好"生态牌"，把"绿色+"融入特色产业发展全过程，在积极探求农业文化旅游融合发展，不断拓宽特色产业发展路径的同时，严格落实好"林长制""河长制"等生态环境保护机制，不仅实现产业兴旺发达，更实现青山常在、绿水长流。要把绿色优新品种培育及新技术新模式应用放在重要位置，着力做好绿色优质特色产业示范样板建设，以特色产业可持续、高质量发展，更好地推动乡村振兴落地见效。

3. 民俗文化依托型

以历史建筑、文物古迹等为旅游吸引物，挖掘传统的民俗文化、农耕文明、民间技术等，体现乡村旅游的历史文化内涵。旅游资源具有历史代表性，资源保护要求高。其核心是通过文化元素牵动旅游业的发展，注重民俗文化的展示和传承。民俗文化依托型适用于旅游资源文化价值高、传统文化保存较好的乡村。

原生态的民族文化为吸引物，开展民族歌舞、节庆活动、民族美食体验等旅游活动，满足游客对多民族文化差异的了解、感受和体验。乡村环境原真性强，民族文化特色浓厚，村民参与度高。

旅游业是当今世界发展速度最快、关联范围最广、带动作用最强，富有蓬勃活力和巨大潜力的新兴产业。同时，旅游业也是当今世界最庞大的行业之一。在一个快节奏的社会中，人们更看重闲暇的自由，更崇尚回归自然，这是未来社会生活的一种大趋势，生态旅游、休闲旅游、体验旅游正成为旅游业发展的主导潮流。乡村要发展和振兴，各民族同胞要发展，就必须依托家乡的山水景物、自有的民族特色、人文风光，大力发展旅游业，来实现少数民族同胞对美好生活的追求与向往。要建设富美乡村、生态文化园和打造乡村特色村寨，让绿水青山、民族风情变成金山银山，让乡村的同胞不出家门就能找到钱，让乡村美、百姓富变成现实。

乡村要振兴，文化须先行。依托民俗文化发展乡村旅游，是深入贯彻落实党的二十大精神的具体实践，是扎实推动乡村振兴的重要载体，也是乡村民俗文化艺术的集中展示和检阅。同时，民俗文化和乡村旅游相结合，可以进一步激活乡村振兴的"一池春水"。

（二）经营模式

1.农民主导型

（1）"农户+农户"模式

实施乡村振兴战略是实现全体人民共同富裕的必然选择，也是建设现代化经济体系的重要基础。2021年，在实现整体脱贫后，我国进入全面推进乡村振兴的关键时期。实现乡村振兴是当代命题之一，更是贯穿近百年来党领导我国农村现代化事业的一个长期主题。

随着乡村振兴战略的推广，乡村旅游逐渐受到人们的关注和重视，并且产生了不同的经营模式，其中"农户+农户"模式是由发展成熟的农户传播经验并进行示范带动，引导帮扶其他农民经营，最后形成农户与农户融合协作、共同发展的经营模式，自发性是该模式的重要特征。在利益分配方面，该模式下的经营权与所有权集中于农户，农户自负盈亏，经营收入全部归农户所有，富民效果较为明显。"农户+农户"模式的发展关键在于地方政府加大扶持引导力度，促进农户提升经营管理水平，实现规范化、高水平、抱团式发展。"农户+农户"模式多适用于区位条件好，有山水景区资源依托，具备一定旅游资源和散客市场，但乡村旅游资源尚处于起步发展阶段的乡村。

（2）个体农庄模式

在乡村振兴视野下，要想科学全面地推动农业产业化创新与发展，不断提升农业产业化整体发展质量，积极践行科学高效的产业发展模式，应充分全面地结合农业发展特色以及区域发展的实际特征等，精准高效地选择合适的发展模式。

乡村振兴战略促进了乡村旅游的发展，使得很多乡村摆脱贫困，寻找到了新的发展思路，个体农庄以农业生产和乡村生活为依托，以农耕文化为核心，利用田园景观为游客提供乡村生产生活休闲体验以及住宿、餐饮等基本服务设施，是在传统农家乐基础上升级壮大后形成的农户经营模式。在利益分配方面，农庄主作为投资经营主体自负盈亏，农民通过在农庄就业打工获取一定劳务报酬。个体农庄模式适用于农业产业基础成熟且特色鲜明、周边市场容量大、经济相对活跃发达的区域。

2. 企业主导型

在乡村旅游开发建设中，引进组织结构成熟的旅游公司运营，乡村旅游项目的所有权和经营权归公司所有，以公司的整体品牌形象进行乡村旅游开发和经营活动。政府和村集体不参与具体的开发管理决策，当地农民以个人身份加入公司，以劳动获取收益。在利益分配方面，企业作为投资者获取全部的开发经营收入，对农民给予一定的征用补偿、农民主要靠农产品附加值获取收益、农民也可以以个人身份进入企业打工获得薪资报酬。企业主导型适用于经济发达且改革创新政策多（土地或资本）的区域，尤其是位于环城游憩带上具有优势农业产业的村镇、发展潜力大、接近客源市场、交通便利的区域。

发展是硬道理，政企关系的协调与农企关系的协调本质是发展成果的分配，总体来说，企业先投入以真心获取政府与农民的支持，后期收益再分配实现良性的业务循环是发展关键。在企业投入的过程中，需要因地制宜、因区域发展条件而做出变化，紧抓区域特征与发展支点，实现良性发展，进而获取政府与村民的支持，其中村中有能人、企业有能力、政府有能量将是发展的必要条件。对企业而言，通过打造新兴产业，全面改善当地公共服务，解决当地居民就业，是吸引年轻人回流，实现乡村振兴的最佳出路。实现共同富裕与乡村振兴是我国企业的共同社会责任和使命。国有所需，民有所呼，企有所应，这正是反映我国企业界的心声和责任感、使命感。对于企业而言，社会责任并非是一个新鲜的议题，但今时今日，它有更加深刻的时代内涵和现实意义。因企业是创造财富的主体，也是分配财富的重要一环。在当今的社会背景下，我们应该鼓励和支持企业履行社会责任。我国企业应该争当促进共同富裕与乡村振兴的旗手，扛起社会责任的大旗，肩负起时代的使命。

在实现共同富裕与乡村振兴进程中，企业要以产业为纽带服务乡村振兴，以优秀企业为龙头带动共同富裕。尤其是随着乡村数字经济的发展，要稳步推进提升产品质量和服务。第一，企业要构建完整产业链助力乡村振兴。企业尤其是工业企业和农业企业，要从战略发展的角度，构建完整的产业链，实行"一条龙"服务，助力乡村振兴，实现共同富裕。第二，企业要搭建产销直通车加快乡村振兴。企业尤其是民营企业，要从建立生产基地与产品联盟等方式，搭建产销"直通车"，创新经营新服务。例如，有的民营企业，从参与"百企帮百村""万企兴万村"行动以来，正在带动合作社及农民群众实现共同富裕。

乡村旅游是新时代国家为适应新形势下的乡村发展而制定的一条重大发展策略。要充分利用现有的物质资源、文化资源，加快乡村经济发展，促进乡村产业结构调整和转变，提高整个国家的国民经济，并使农民增加收入。乡村旅游是一种以乡土文化、自然景观为基础、回归自然、休闲、体验农业生产为主要目的的一种产业形态。受都市化的影响，乡村自然风光、乡村田园生活等都受到了游客的青睐。成为乡村旅游业发展的重要推动力。在新乡村发展过程中，发展乡村旅游业对提高乡村居民的收入、调整乡村产业、促进乡村经济的发展都起到了积极的作用。在新的时代，随着乡村发展的深入，必须从现实出发，走出一条行之有效的发展道路,从而推动整个社会的经济发展,推动高质量发展目标的实现。

乡村旅游业的发展具有两个方面的优越性,通过整合本地特有的人文资源,使旅游业的商品更加丰富,当前,根据我国乡村建设的现实情况,着重营造出一种纯正的文化氛围,以地方文化为指导,发展多种类型的旅游产品,以实现乡村工业发展的现代化范例,以文化的力量促进旅游业的发展。

乡村旅游作为实施乡村振兴战略的产业引擎和重要抓手,借助产业融合度高、关联性强、辐射面广的特点,在推动农村三产融合、促进乡村产业结构优化升级方面,发挥出了不可替代的优势。大力发展乡村旅游,推动更多要素资源向乡村集聚,是后脱贫攻坚时代实现农民农村共同富裕的重要手段。

乡村旅游的高质量发展需要政府、企业、村民、游客的共同参与,在价值共创机制下形成通力合作的治理框架。在推动乡村旅游发展的各方力量中,企业是一支不可忽视的生力军。企业作为乡村旅游发展的中坚力量,在政策和市场的同频共振下,应充分发挥统筹协调的主导作用,努力开拓乡村旅游发展的新格局。

第四章　乡村振兴视域下乡村旅游的发展途径

本章为乡村振兴视域下乡村旅游的发展途径，包括六个方面的内容，即乡村振兴视域下乡村旅游的规划，乡村旅游资源的挖掘与开发，乡村旅游设施的保障与建设，乡村旅游形象的设计，乡村旅游产品的开发与营销，乡村旅游产业的运营与发展。

第一节　乡村振兴视域下乡村旅游的规划

一、乡村旅游规划的理念与特征

（一）乡村旅游规划的理念

1. 旅游规划三元论

旅游规划追求的基本核心和最终目标是为旅游者创造时间与空间的差异、文化与历史的新奇、生理心理上的满足，其中均蕴含着三个层面不同的需求。

其一，旅游活动以及与之相关的文化历史与艺术层面，包括潜在于旅游环境中的历史文化、风土民情、风俗习惯等与人们精神生活世界息息相关的文明，即关于人们行为活动以及与之相应的经营运作的规划需求。

其二，景观时空层面，基于景观空间布局的规划，包括区域、总体、景区、景点的时间与空间上的布局、设计，即关于景观时空布局的规划需求。

其三，环境、生态、资源层面，包括土地利用、地形、水体、动植物、气候、光照等人文与自然资源在内的调查、分析、评估、规划、保护，即生态环境大地观的规划需求。这些构成了旅游规划需求的三元。

2.景观生态学理论

1866年，德国恩斯特·海克尔（Ernst Haeckel）在其著作《有机体普通形态学》中第一次提出了生态学的概念，从这一刻起，生态学就成为研究生物与环境、生物与生物之间关系的一项重要内容。

景观生态学是生态学的一个重要分支，它的主要研究对象是在一定的区域范围之内，许多不同生态系统所构成的景观之间的相互作用以及未来动态变化趋势。随着景观生态学研究的不断发展，目前景观生态学的研究重点主要集中在一个较大的空间范围和较长的时间尺度内，由多个生态系统构成的生态景观的演变过程。

景观生态学整体上可以视为地理学和生态学的结合产物。从学科发展上来说，景观生态学是生态学的一个分支，与其他分支相比，其突出特点是在于更加关注人类和人类活动对自然世界的结构与功能所产生的影响。这个"影响"，包括景观自身的变化以及这些变化产生的影响，无论这些变化是由诸如规划设计等的人为因素引起的，还是由诸如生态演替等的自然因素引起的。研究景观生态学的人致力于揭示空间格局和生态过程之间的联系。景观是指位于生态系统之上，区域之下的一种中等尺度的地理单元。景观生态学的主要研究对象也相当广泛，并且各有侧重，比如斑块—廊道—基质模型、岛屿生物地理学、生态系统服务功能、景观格局等。在学科视角下，"景观"被看作是不同土地类型所构成的综合体，它包括以"基质"为背景的"斑块"和线性空间要素。

在《景观生态学——格局、过程、尺度和等级》一书中，将"景观"概括为狭义和广义的两种定义。狭义景观是指：在几十千米至几百千米的范围内，由不同类型的生态系统所组成的、具有重复性格局的异质性的地理单元；广义景观则包括：出现在微观和宏观不同尺度上的，具有异质性或者斑块性的空间单元。广义景观强调空间异质性，其绝对的空间尺度随着研究对象、方法和目的而变化。

景观生态学虽然也用到了"景观"这个词，但是和风景园林学或者景观设计之类的学科并没有任何关系，或者说没有任何直接联系或共通之处，后两者对于"景观"的定义更多的是从美学角度出发，注重"景观"给人带来的美好体验。打个比方，二者对于"景观"的认知差异，就相当于"人体"和"美人"这两个词的差别，这两门学科本身是在互不认识的情况下各自发展起来的。风景园林学本来是一门实践性的学科，更重视直接实践，因此其理论体系一直属于相对薄弱的环节。后来，越来越多环境和设计领域的研究者经过长期规划设计和理论研究，研究的范围越来越广，内容越来越深入，发现景观生态学的理论是可以借鉴并应用在研究中的，这样，景观生态学和如今的环境与景观规划才有了交集。

事实上，会主动将景观生态学和风景园林学联系在一起的大部分都是风景园林方面的工作人员，专门的景观生态学学者很少主动把两者联系起来。而且，学风景园林出身的人在接触景观生态学时会感到有些吃力，二者不同源是一方面，景观生态学的深度和广度在整体上是超出风景园林学的，这是另一方面。

景观生态学的研究具体包括以下四点内容：景观空间异质性的发展和动态、异质性景观的相互作用和变化、空间异质性对生物和非生物过程的影响、空间异质性的管理。

景观生态设计，顾名思义，就是指"具有生态学意义的设计"。据西姆·凡·德·赖恩（Sim Van Der Ryn）和斯图尔特·科恩（Stewart Coben）的定义：任何与生态过程相协调，尽量使其对环境的破坏影响，达到最小的设计形式都称为生态设计，这种协调意味着设计尊重物种多样性，减少对资源的剥夺，保持营养和水循环，维持植物生境和动物栖息地的质量，以有助于改善人居环境及生态系统的健康。这种理性人居环境应包括人类与地理环境、代谢环境、生物环境、社会环境、经济环境和文化环境的生态关系。

3.RMP 理论

（1）RMP 理论的提出

RMP 理论是我国旅游规划管理专家吴必虎提出的一个全新的观点，是指导区域旅游发展的一项重要理论。所谓 RMP 理论指的就是 R——Resource 资源、M——Market 市场、P——Product 产品理论。

R 主要研究的是将旅游资源转化为旅游产品。随着旅游业的迅速发展，旅游业已经逐渐成为一种高投入、高风险、高产出的产业类型，这就需要在发展旅游业之前对旅游资源进行科学的评估，确定将旅游资源转化为旅游产品的有效路径。

M 主要研究的是旅游市场中对旅游产品的需求。这一研究包括两个内容：一个是旅游产品需求的弹性，即在一定时间内游客对旅游产品的需求变化；另一个则是旅游者的旅游动机，根据这一研究成果可以针对性地制订旅游营销策略。

P 主要研究的是旅游产品的创新，即根据消费市场的变化以及旅游资源的特色，采取产品的创新或者组合等方式来打造新的特色旅游产品，从而保证旅游业旺盛的生命力。

（2）RMP 理论和乡村旅游规划

旅游产品和旅游资源的概念并不一致，甚至有很大的区别。简单来说，旅游资源是旅游产品开发设计的根基，相关工作者的研究重点一般放在旅游资源所产生的旅游吸引力上，所以，针对旅游资源的分析和开发是无法脱离旅游者体验这一角度的，旅游产品必须为旅游者提供某种无法取代的体验，才能被认为合格。如果一种资源能提供的体验机会过于有限，甚至不能提供这种机会，则其向产品的转化就要付出更高的成本。基于资源开发的旅游产品，其发挥作用的根本途径在于连同交通和接待服务，共同为旅游者呈现特定的环境映象，迎合其在旅游收益上的期望。

按照旅游经济学和统计学总结的规律，旅游产品需求的特征集中在弹性大、扩展性高、敏感度强、季节性显著、时空集中性突出几个方面。旅游产品和其他类型的产品相比，其固有特性比较特殊，因此即使城镇居民的可支配收入大幅上升、旅游者具备出游动机的基础上，旅游消费者在这方面的需求规律依然有所不同，需求弹性更为强烈。当前旅游市场对旅游产品的喜好度依次大致为中短途观光旅游、周末短途度假旅游、远途观光旅游（生态旅游）、文化旅游，四者弹性依次提升；对前两者的选择和取向将持续相当一段时间，而后两者的需求之所以弹性更强，是因为其容易受旅游者收入和受教育程度影响，目前很难成为市场主流。

从 20 世纪末开始，中国的旅游资源与产品的关系发生了明显的变化，具体来说，现有的资源向产品的转化步骤更加烦琐，需要考虑投资成本、竞争风险等因素。因此旅游策划者要在规划与开发上加大投入力度，才能让资源发挥商业价值。区域旅游规划的核心是旅游产品的开发和组织，旅游资源则是旅游产品的原料和形成基础。旅游业的发展在很大程度上依赖于旅游资源的开发利用。旅游资源分析主要包括旅游资源调查与创新、旅游资源利用价值与容量以及资源—产品转化适宜性评价等。

旅游资源、旅游市场、旅游产品从本质上来说是相辅相成的，旅游资源是打造旅游产品的基础，而旅游市场是将旅游资源转化为旅游产品的基本目标，旅游产品是实现旅游市场价值的基础载体，因此在实践中我们要同时兼顾旅游资源、旅游市场与旅游产品。具体来说，RMP 理论应用于乡村旅游规划中需要注意以下三个问题。

①旅游资源问题

一般来说，关于旅游资源的把握主要是通过调查与评估完成的，其中旅游资源的调查指的是对旅游地区进行综合的考察、测量、分析与整理，从而准确地把握旅游区的资源现状。但是在对旅游资源进行把握的过程中需要注意以下两点：一是要即时对旅游资源进行对比，包括同地区的旅游资源对比以及不同区域的旅游资源对比，从而寻找出具有特色的旅游资源；二是建立旅游资源档案，以便能够根据旅游资源的消耗来确定旅游资源的保护章程，实现旅游资源的持续利用。

②旅游市场问题

从市场经济的角度来看，乡村旅游资源规划与开发的主要目的是促使乡村旅游产品能够顺利进入旅游市场，这也就意味着在进行乡村旅游规划时应当准确把握住旅游市场的脉搏，否则乡村旅游资源与产品也就失去了存在的价值。对此需要注意两个问题，一个是旅游业的发展趋势，另一个是旅游者的行为特征，只有这样才能够开发出具有前瞻性、符合旅游者需求的产品。

③旅游产品问题

旅游资源的特色。旅游市场的定位最终都是通过旅游产品来实现的，可以说旅游产品是旅游资源与旅游市场的直接载体。好的旅游产品在满足市场需求的同时，也能够极大地提高资源的价值，因此在开发设计旅游产品时要以旅游资源与市场为参照。

（二）乡村旅游规划的特征

1. 战略化

乡村旅游规划的制订，对于乡村旅游的发展有着决定性的影响，可以说是乡村旅游发展历程中最为重要的一个文件。因此，在制订乡村旅游规划时不能只着眼于眼前的利益，要从战略的角度对乡村的长远利益与眼前利益进行协调，从而在促进乡村地区社会经济发展的同时也保证乡村旅游的持久性。

2. 多元化

乡村旅游规划的多元化特征主要表现在以下两个方面：一方面是乡村旅游规划的制定人员、制定方法的多元化。单纯依靠一个专家来进行乡村旅游规划毫无疑问是不现实的，因此需要诸多不同学科的专业人员合作对乡村旅游进行规划，在规划过程中也要根据需要灵活采取不同的技术手段。另一方面则是乡村旅游规划内容的多元化。

乡村旅游规划并不是简单地对旅游进行规划，而是要综合考虑到乡村的社会因素、文化因素等，只有这样才能够保证乡村旅游与乡村融为一体，因此在内容上乡村旅游规划呈现出多元化的特征。

3. 系统化

乡村旅游规划并不是一项独立的工作。作为农村精神文明建设与经济发展的主要推动力，乡村旅游与农村社会的各个因子都有着十分密切的联系，因此在进行乡村旅游规划时要将其视为一项系统工程，综合考虑乡村旅游与其他社会因子之间的关系，如此方能保证乡村旅游与其他社会因子之间的协调性，实现最终的目标。

二、乡村旅游规划的综合分析

（一）旅游和乡村的规划

1. 旅游规划

近年来，旅游规划开始逐步成为旅游发展的纲领和蓝图，成为地方发展旅游产业不可或缺的重要组成部分。具体而言，旅游规划的内容主要包括以下三个方面。

（1）资源评价和开发利用现状评价

地区旅游资源的丰富程度对于旅游产业的发展有着直接的影响，旅游资源越丰富，开发潜力越大，说明旅游产业的生命力也就越持久，对当地经济做出的贡献也就越大，因此对旅游资源进行评价是旅游规划的一个重要内容。一般来说，关于旅游资源价值的评价主要是从资源的科学价值、历史文化价值、景观美学价值和生态环境价值四个角度进行的。此外，除了对旅游资源的价值进行评估之外，也要对旅游资源的开发利用现状进行评估，如部分地区的旅游资源虽然十分丰富，但是一直以来，都是一个旅游景区，旅游资源基本上已经开发殆尽，那么进行旅游规划时就要考虑到这一点。

（2）旅游服务设施规划

服务设施是旅游产业发展的一个重要影响因素。拥有独特历史文化底蕴和自然景观的地区很多，但是成为旅游热门景点的地区却寥寥无几，原因就在于服务设施不够完善，很难满足现代游客的需求，因此对服务设施进行规划是旅游规划的一项重要组成部分。在规划服务设施时要从旅游地的环境保护，为游客提供最大的便利等角度出发，制订科学的旅游服务系统。

（3）旅游活动组织规划和资源保护规划

绝大部分的游客旅游时间十分有限，对于游客而言，能够在有限的时间内欣赏到更多的旅游景观是十分重要的，因此旅游规划也要对旅游活动组织进行规划，如安排合理的旅游路线等，这样一方面能够充分凸显出旅游区的特色，发挥景区的最大效益；另一方面也能够帮助游客欣赏到更多的旅游景观。此外，旅游资源作为旅游产业的基础，并不是取之不尽的，因此，在进行旅游规划时要对旅游资源的保护进行规划，根据资源的重要程度来划分出核心保护区、重要保护区和景观保护区，以此来延长旅游地的生命周期，同时也有利于旅游地的生态环境保护。

2. 乡村规划

乡村规划指的是对乡村地区的社会、经济等进行长期的部署，指导乡村地区的社会经济发展。具体来说，乡村规划主要包括以下四个方面的内容。

（1）对乡村的自然资源与经济资源进行综合评估，然后分析这些资源的开发现状，为乡村社会经济发展奠定基础。

（2）对乡村的特色进行宏观把握，确定乡村社会经济的发展方向，例如具有独特风俗民风的乡村，可以将乡村旅游作为发展方向。

（3）对乡村各个部门的发展规模、发展速度等进行评估，确定其在乡村社会经济发展中的地位和作用。

（4）综合以上来制订详细的乡村社会经济发展措施与步骤。乡村规划的制订要建立在实事求是的基础之上，要根据乡村现有的生产生活与资源条件，结合国家给出的经济发展政策，以长远发展为宗旨。当前，做好乡村规划是社会主义新农村建设的重要组成部分，也是我国乡村建设走上规范化和科学化的一个重要表现，对于乡村经济的良性可持续发展有着十分重要的意义。

在进行乡村规划的过程中，需要坚持以下三个基本原则。

（1）乡村规划一方面要有利于农业生产，另一方面也要有利于为村民提供更大的便利。

（2）乡村规划要以经济建设为中心，但是也要做到经济效益、环境效益与社会效益的统一。

（3）乡村规划的主要目标是改变以往村民自发地发展经济，导致农村经济布局凌乱的现象，因此乡村规划必须要充分采取群众的意见，得到群众的支持。

值得注意的是，乡村规划不同于旅游规划。旅游规划是一种全新的规划，即对本来没有任何人工设施的地区进行规划，如此旅游规划往往很少遭到反对。而乡村规划则是对现有农村的一次推倒重建，在规划中必将涉及农村基础设施的改建，甚至合并与搬迁，涉及许多村民的直接利益，因此乡村规划必须详之又详，这样才能够获得村民的支持。但是从当前我国所进行的乡村规划来看，绝大部分乡村规划都比较粗糙，只是简单地对乡村规划进行描述，如此一来就很难得到村民的认可，导致乡村社会经济建设难以进行下去。

（二）乡村旅游规划的指导思想

1. 动态发展思想

乡村旅游规划动态发展的思想主要表现在以下两个方面。

（1）乡村旅游规划目标和内容要具有一定的弹性。乡村旅游规划固然对乡村旅游发展有巨大的指导价值，但是这种价值是建立在规划与乡村社会经济发展现状相契合的基础之上的，而社会环境的迅速变化决定了乡村旅游规划也是随时紧跟社会环境的变化进行调整的。

（2）乡村旅游规划要保证近期规划的稳定性、中期规划的可行性以及长期规划的发展性。

2. 生态旅游思想

生态旅游观念兴起于20世纪80年代。近年来国内外研究者开始对生态旅游进行整合，将生态旅游视为一种特殊的旅游形式，即乡村旅游、度假旅游等可能属于生态旅游的一部分，但也可能不是，而这完全由旅游区的旅游发展理念所决定。随着人类对自然环境保护的日益重视，生态旅游开始受到很多旅游者的追捧，西方的乡村旅游事业开始逐步朝着生态旅游的方向靠拢。事实上，乡村旅游与生态旅游本身就有异曲同工之妙，只是在发展乡村旅游的过程中由于忽视了对生态环境的保护，乡村旅游与生态旅游渐行渐远，但是这对于乡村旅游的可持续发展有害无利。因此，在进行乡村旅游规划时要始终秉持生态旅游的思想，一切乡村旅游规划行为都不能与生态环境的保护背道而驰，只有这样才能够确保乡村自然景观与人文景观对游客的吸引力，保证乡村旅游持久的生命力。

（三）乡村旅游规划的原则

乡村旅游规划所要考虑的内容包括乡村的旅游市场需求、资源约束、社会宏观条件分析（主要是经济条件）等几个方面。由于"乡村"的特殊性，决定了其规划必须遵循以下基本原则。

1. 自然环保原则

随着工业生产对生态的破坏日益严重，生态环境保护受到越来越多人的重视，旅游规划作为一种技术产品，也应当紧跟时代的潮流，具备生态文化的特征，承担起保护生态与文化多样性的重任。具体来说，就是在乡村旅游规划中科学应用景观生态学、生态美学等理论，来实现乡村旅游与生态的协调发展，最大限度地降低发展乡村旅游对生态环境所造成的破坏。

坚持自然环保原则也就意味着在乡村旅游规划中要因地制宜，尽可能地保留自然特色，没有绝对的必要就不对乡村的自然原貌和建筑物进行更改。国内当前很多地方将乡村旅游与普通的观光旅游等同起来，为了迎合游客的口味，不顾原先遗存的自然资源和人文景观，随意地对乡村进行改造，这种做法不仅对乡村的生态环境造成了极大的破坏，同时也与乡村旅游的本质特征背道而驰。

2. 乡土特色原则

对于旅游而言，特色也就意味着生命，没有特色的旅游景点是难以有持久的生命力的，有特色才有吸引力，才能够在激烈的旅游市场竞争中占据优势。对于乡村旅游而言，其最大的特色就是乡土文化，五千多年的历史造就了中国璀璨的乡村民俗文化，复杂的自然地理环境则决定了每一个乡村都有自己的特色。

因此，乡村旅游规划的一个重要内容就是充分地将乡土文化凸显出来，从而在诸多的旅游形式中脱颖而出，吸引游客的注意力坚持乡土特色原则指的就是在乡村旅游规划上要有别于城市的公园绿化，尽可能体现出野趣天成、返璞归真；在植物配置上注重适地适树，强调多样性和稳定性；所展示的也应该是当地的农耕文化和民俗文化。

3. 良性互动原则

良性互动原则主要是针对乡村旅游与村民居住环境而言的。众所周知，人类居住环境良好很容易获得游客的认可，从而推动旅游的发展，同样的道理，旅游的发展又会不断地改善人类的居住环境，因此在乡村旅游规划中要坚持良性互动原则。

坚持良性互动原则就是要求乡村旅游规划在尊重自然的前提下充分考虑到人类的活动需求与心理诉求。由于乡村旅游中，人们的身份大致分为原住居民、游客两种类型，而他们的活动与心理需求是不同的，其中，原住居民的需求主要以生产和生活需求为主，游客的需求则以休憩、娱乐需求为主，因此乡村旅游规划要同时兼顾这些需求。从投资回报的角度来说，游客的休憩、娱乐需求占据主导地位，因此应当将提高游客的舒适度作为规划的重点。但是考虑到村民是乡村旅游的主体之一，也应当不断改善村民的聚居环境，帮助村民建设美好家园，从而使得乡村居民生活环境与乡村旅游相互促进，共同发展。

三、基于乡村振兴战略的乡村旅游规划

（一）基于乡村振兴战略的乡村旅游技术路线规划

中国有着五千年农耕文化的深厚积淀，产生于土地私有制度基础上的小农经济传统，构成了中国独有的原始乡村生活方式。百余年来，工业文明的冲击让传统中国从"桃花源"中走出，中国人在充分享受科技进步带来的现代生活的同时，乡村这一梦想家园也正在远去。随着逆城市化大潮的到来，归园田居的生活理想再度被激活，乡村的生活价值再度被发现，乡村被寄予了传承农耕文化，为人们提供乡居理想家园的使命。

其实，在中国，乡村从来就不仅是一个生产的场所，它更是生活的理想区域，居住的梦想家园。阡陌、良田、屋舍、耕作、吟诗作赋、抚琴作曲……这些美好场景传达的是恬淡生活方式、生活态度、生活情怀。因此，乡村振兴的终极目标绝不仅是乡村经济水平的提升，而是满足人民日益增长的美好生活的需求，构建承载着桃源之梦的乡村生活方式。未来的乡村，是人人都能回得去的乡村，带来的将是桃花源里的乡居生活，是生态和谐的乡村发展，是乡村农耕文明的回归，是现代版的田园中国梦。

乡村产业的突破发展，是扭转城乡二元背离发展的核心。如果在乡村振兴过程中，无法实现产业的市场化、有效化、持续化发展，仅依靠政府的资金保障、社会保障、政策保障，乡村产业的发展，需要跳出"农"的局限，以现代农业为基础，形成一二三产业融合的发展架构。

随着我国经济的发展和城市化进程的加快，回归自然、拥抱自然等理念的产生，使乡村旅游成为现代旅游业的热点。自党的十九大报告提出乡村振兴后，乡村旅游迈上新的发展阶段，乡村旅游与乡村振兴在发展的过程中相互影响、相互促进。因此，乡村旅游规划作为旅游规划的一种特殊类型，必须遵循旅游规划的技术路线。规划技术路线是规划过程中所要遵循的一些逻辑关系。

1. 规划准备和启动

众所周知，乡村振兴战略促进了乡村旅游的进一步发展，因此在规划准备和启动阶段应该做到以下几点。

（1）规划范围。

（2）规划期限。

（3）规划指导思想。

（4）确定规划的参与者，组织规划工作组。

（5）设计公众参与的工作框架。

（6）建立规划过程的协调保障机制等。

2. 调查分析

乡村振兴战略和乡村旅游有着非常紧密的联系，在调查分析阶段应该基于乡村振兴战略，对适合乡村旅游的地区、资源等多个方面进行充分的考虑。

（1）乡村旅游地基本情况、场地分析等。

（2）乡村旅游资源普查与资源综合评价。

（3）客源市场分析与规模预测。

（4）乡村旅游发展竞合分析、SWOT 分析等。

3. 制订规划方案

制订规划是构建乡村旅游规划内容体系的核心，依据乡村振兴战略下的乡村旅游发展总体思路，提出更加具体的措施，包括乡村旅游产品策划与开发、土地利用规划、各种设施建设规划、市场营销计划、人力资源配置与人才培养、环境容量、支持保障体系等。

4. 组织实施与综合评价

乡村旅游和乡村振兴两者之间相互依存，乡村振兴确保乡村旅游更快、更好的发展，乡村旅游促使乡村振兴更好的落实，因此在组织实施与综合评价阶段应该依据乡村旅游规划的具体内容，做好乡村旅游规划管理；根据经济、社会、环境效益情况进行综合评价，并及时做好信息反馈，以便对规划内容进行适时的补充、调整和提升。对实施结果与预定目标进行对比分析，找出偏差的原因，调整目标或实施方案，修改规划，使之更趋向合理，从而促进乡村振兴的全面落实和普及。

(二) 基于乡村振兴战略的乡村旅游空间规划

1. 构建清晰科学的经济空间体系

传统乡村的生存和发展依靠农业，农产品种植、家禽家畜养殖是农村的主要经济活动。一般而言，村庄外围多为耕地、菜地、养殖水塘等空间，同时家家户户的住宅还附带猪圈、牛棚、鸡窝等家禽、家畜的养殖设施，构成自给自足的生活模式。

为了实现经济快速增长，我国在很长一段时间内将建设重点放在城市，这就导致对农村的关注及投入相对欠缺，再加上农村地区受本身地域广、人口素质低等因素的限制，大部分农村的经济发展异常缓慢。改革开放初期，我国开始实行了家庭联产承包责任制，导致了现在农村的整体经济格局仍以分散的小农经济为主，农民的劳作仍处于整个社会生产链条的最低端，缺乏附加值。

当前，农业农村改革和发展已经成为我国的一个建设重点，基于习近平总书记提出的乡村振兴战略，中共中央国务院颁布了《关于实施乡村振兴战略的意见》，文件明确提出乡村经济要多元化发展，要培育一批家庭工场、手工作坊、乡村车间，鼓励在乡村地区兴办环境友好型企业，实现乡村经济多元化，提供更多就业岗位，满足村民就地工作需要。①

2. 打造适宜生活和工作的聚落空间

党的十九大报告指出，"三农问题"是全党工作中最重要的问题。乡村振兴不但要解决农村产业发展和农民就业问题，而且要提高农民在产业发展中所获得的利益和满足感。乡村旅游业与乡村振兴具有较高关联度，其具备一定的号召力且辐射面较广，可帮助更多人就业，已成为乡村振兴支柱性产业。乡村旅游对第一、二、三产业进行了很好的融合，是旅游业的分支，也是当前环境下解决"三农问题"行之有效的方案。

我国能否实现两个一百年奋斗目标，农村发展很关键。乡村旅游是与城市旅游相对应的地域概念，其含义是指在乡村区域内，以农村特有的自然景观、民俗风情为基础进行旅游经营活动。必须围绕乡村的自身特点进行乡村规划，以此为

---

① 中共中央国务院关于实施乡村振兴战略的意见[J]. 中国对外经济贸易文告，2018 (18): 3-13.

基础才可以设计出符合农民生活生产要求的建筑，营造宜居宜业的空间，同时要考虑房屋建造的经济性、非商业性和可变性。农村民宅和城市住宅所处的环境不同，住房政策也有所区别，其具有十分显著的非商业性。由此，农民通常会自己动手建房，雇用少量本地的劳力，基本上全程参与到住宅的建设过程中。住宅建成后为农民自用，很少出现转卖现象；随着一户一宅等政策的实施，农村住宅买卖现象将更少发生。

一般情况下，农村居民会在民宅建成后长久居住，其家庭成员会在未来的十几年甚至几十年都生活在该民宅内，所以农村民宅必须具有足够的可变性来适应家庭结构的变化，农村民宅通常运用最单纯的空间结构来适应不同的使用。乡村旅游可架起城市与乡村之间的桥梁，交换社会资源和文明成果，进一步缩小城乡差距，为农村经济可持续发展作出贡献。

第二节 乡村振兴视域下乡村旅游资源的挖掘与开发

一、乡村旅游资源的概述

（一）乡村旅游资源的定义

旅游资源作为现代旅游业得以发展的重要条件，是旅游业的基础要素。旅游资源主要表现为两大类，一种是自然风景旅游资源，另一种是人文景观旅游资源。前一类型的资源主要有自然界中的高山峡谷、森林、飞禽走兽、气候、江河湖海、温泉等，这类资源又可以大致划分为四大类，分别是地貌、水文、气候以及生物；后一类资源主要表现为文化古迹、古代建筑、民族风情、现代景观、地方特色饮食、购物以及文化娱乐等，这一类资源又可以进一步划分为四大类，分别是人文景物、文化传统、民情风俗以及体育娱乐。

自然界和人类社会中，能对旅游者产生吸引力，可以为旅游业开发利用，并可产生经济效益、社会效益和环境效益的各种事物现象和因素，均称为旅游资源。旅游资源是指对旅游者具有吸引力的自然存在和历史文化遗产，以及直接用于旅游目的的人工创造物。凡是足以构成吸引旅游者的自然和社会因素，亦即旅游者的旅游对象或目的物都是旅游资源。从现代旅游业来看，凡是能激发旅游者旅游动机，为旅游业所利用，并由此产生经济价值的因素和条件即为旅游资源。凡能激发旅游者的旅游动机，为旅游业所利用，并由此产生经济效益与社会效益的现象和事物均称为旅游资源。

一般来说，乡村旅游资源之所以得到更多的关注，是因为现代社会演进的过程中，人们在旅游方面的意识出现了新的动态变化。立足于新资源观等理论框架分析可知，现代人对于旅游资源的类型和内容方面的认识有了新的内涵和发展，现代旅游需求出现多样化的变化，使得乡村旅游资源关注度提升，并需要进行重新认知和了解。总体来说，现代乡村旅游资源的内涵范围不断扩充，种类日益丰富。

最为根本的是我国经济水平的大幅提升，使得人们物质生活水平上升到了一定的高度，从而使得民众在精神层面上的追求快速增加，而旅游作为一种在较高层面上的精神需求成为我国民众普遍参与的活动。民众在旅游领域的审美观念差异性不断凸显，决定了现代旅游日益呈现出个性化和多样化的特点。综合来看，我国旅游领域的热点也不断变化，依次从初期以观光游览历史名城、名山大川为重点，逐渐转换到了田园生活这一重心上。正是由于现代旅游的内涵趋于丰富和成熟，促使旅游资源的内涵和外延都明显增加，这种发展趋势在乡村旅游领域也得到了充分的体现。

在现代乡村旅游领域里，在传统意义上不属于"旅游资源"的事物、一些特征模糊的资源以及在以往不属于人们观念中的事物都发展成为现代旅游开发的有价值的对象，甚至成为现代乡村旅游资源的重要组成部分。举例来说，乡村领域的传统娱乐活动模式、中国南北方特点民居，包括北方的土炕和南方花雕小床等都成了现代乡村旅游资源。因此，从现代旅游领域来看，只要是可以在一定程度上满足现代旅游者需求的事物就可以看作是有价值的旅游资源。在乡村领域，农家民居清幽闲适的氛围、田园风光的自然清新、乡村食品的天然绿色以及乡里乡亲的淳朴热情对希望接触自然、回归自然的城市居民来说，都属于有很大价值的旅游资源。

因此，乡村旅游资源就是指在现实条件下，能够吸引人们产生旅游动机，并进行旅游活动的各种有一定内涵和特色的自然、人文、物质及精神的乡村旅游景观，这些景观能为旅游者提供游览、观赏、知识、乐趣、度假、疗养、娱乐、休息、探险猎奇、考察研究、社会交往等功能和服务。也就是说，乡村旅游资源是指那些能够吸引旅游者前来进行旅游活动，为旅游业所利用，并能产生经济、社会、文化、生态等综合效益的乡村社区活动场所，以乡村独特的生产形态和乡村特殊的环境所产生的农业生产、农村生活、农村风情等客观体。

（二）乡村旅游资源的三维组成结构

乡村旅游资源指具有吸引力的，能够吸引人们产生离开常住地进行乡村旅游的一切具有乡村特性的事物，可以是有形的客观存在物或自然环境，也可以是无形的文化或社会环境。

乡村旅游资源必须具备"旅游吸引力"，而不是"文学吸引力"或者其他类型的吸引力，也就是说，这种吸引力是要能够吸引旅游者发生离开常住地的空间移动行为的吸引力，这种吸引力是乡村旅游资源的核心。乡村特性（Rurality）指的是乡村特有的、有别于城市的那些因素，乡村性是乡村旅游资源吸引力的核心和独特卖点，需要指出的是，并不是所有在乡村地区的旅游资源都具有"乡村特性"，如建在乡村的主题公园，在乡村地区新建的吸引旅游者参观的现代化高楼和生产线等等，都不是本书界定的乡村旅游资源。至于那些新建的供乡村旅游者住宿的乡村别墅，就更不是乡村旅游资源了，只是乡村旅游接待设施而已。

乡村旅游资源可以是有形的，也可以是无形的，但无形的乡村旅游资源必须要有一个有形的外壳或载体才行，否则也是难以吸引人们进行乡村旅游的。比如"乡村文化"，必须要以服饰、音乐、歌舞、建筑等等有形物质作为载体展现或表达出来，才能被称为乡村旅游资源。若找不到某种有形的外壳或载体让旅游者感知，则不能算作乡村旅游资源。乡村旅游资源由自然环境、物质载体、文化元素三部分共同组成，形成立体、生动的有机复合整体。

1. 自然环境

自然环境是由地貌、气候、水文、土壤、生物等要素组合的自然综合体，是形成乡村旅游资源的基底和背景，人类在自然环境的基础上，创造了与当地自然环境相协调并具有地方特色的乡村景观。乡村旅游资源在外部特征和内部结构上，都会铭刻上自然环境的烙印。组成自然环境的各要素具有地带性分异规律，在此影响下形成的乡村景观，如农业类型、农作物分布、民居形式等也有明显的地带性分布规律。自然环境各要素在乡村景观的形成中起着不同的作用。

2. 物质载体

物质载体并非一定是乡村旅游资源的核心，但它是乡村旅游资源中，游客亲身观察到的具体事物，无论何种吸引力巨大的自然或人文资源，都必须有物质性载体，如农作物、牲畜、林木、聚落、交通工具、人物、服饰等有形的物质。这些物质要素的不同组合，形成了不同乡村旅游资源的外化，如竹楼、大榕树、水稻田、水牛，穿着对襟短袖衫、宽肥长裤的男子和身穿浅色窄袖大襟短衫、筒裙的女子，小乘佛教寺庙，构成了傣族乡村特有的景观。

3. 文化元素

乡村旅游资源中，还有一些不能被人们直接通过感官感知的无形成分，这些成分是乡村旅游资源的精髓和内核，如乡村思想意识、道德情操、价值观念、心理特征、思维方式、民族性格、风俗习惯、宗教信仰、政治观点等。这些东西虽然是无形的，但游客可以亲身体会到它的魅力。它们构成了乡村旅游资源的核心，是乡村旅游资源的灵魂所在，没有了乡村文化，乡村旅游资源也就成了无源之水、无本之木，其魅力会消失殆尽，人们只有在欣赏乡村旅游资源外貌特征的同时，品味其深层次的文化内涵，才能真正欣赏到有滋有味、自然和文化交融的乡村景观。同时，一个乡村社区的文化气质、精神面貌、生活习惯又形成一种特有的气氛，即人文景观的氛围，如使人们感受到奋发向上或没落衰败、活泼愉快或死气沉沉等气氛。

（三）乡村旅游资源的分类

随着我国对乡村旅游发展的重视，在学术领域对旅游资源分类的研究日益增多，已经在可以采用的技术和实施的方法上都有了突破性的学术成果。然而，以乡村旅游资源评价为主要对象的还较少有人涉足，目前在这一方面的成果还不具备很强的实践操作性，也没有建立起具有实用效果的，用于乡村旅游资源综合评价的分析模型和关键指标体系。针对这一现状，作者将尝试结合各地乡村旅游资源的类型和乡村旅游资源所在区域的各种属性，科学构建可以用于乡村旅游资源分类的合理标准，并形成可行的综合评价体系，希望以此帮助中国乡村旅游能够更好地构建战略发展规划，并在开发利用中能够更好地符合科学发展观的要求。

从旅游体系宏观层面上来看，对旅游资源实施的分类工作是实施旅游资源普查、设计旅游整体规划，以及定位旅游项目重点内容等方面工作的基础。"国标"中主要是体现了标准的普适性和实用性，通过全面考虑以往的研究成果，并立足于深入实践的成熟经验上，构建了针对旅游资源类型、用于旅游资源调查方法的标准体系。这一标准的设立主要是争取在全国或者区域范围内，形成具有比较性的五级的旅游资源分级框架，这一框架的科学合理性更强，在操作上也更加实用，不同资源之间也能够很好地得到辨别。所以，可以将"国标"看作是我国各地针对旅游资源实施实地调查、科学分类和合理评价工作的一种基础规范性指导。这一分类工作的"国标"设立并正式实施以来，我国各地的旅游相关部门一般都是采取这一标准作为工作的重要凭据。不过，这一标准体系在实际应用和理论探讨中，因为不同地区的发展阶段的限制以及不同地区乡村旅游资源特点不同等客观存在的原因，使得国标并不能够完全符合乡村旅游发展的需要。从这一角度分析可知，在对乡村旅游资源进行分类时，应将这一标准当作一种参考的对象，结合地区实际情况来制订符合乡村旅游资源特征分类的具体标准。在对乡村旅游资源实施分类时，须遵循一些特定的原则来保证分类的科学合理性。总体来看，分类原则主要有：（1）同质标准原则。被分为同一类型的乡村旅游资源，必须在资源的主要成分、基本的外部特征、具有的景观功能以及内部结构等主要领域都能够达到同样的标准，具有一致性，并且在这些标准上和被划分为其他类型的旅游资源之间存在明显的差异。（2）演进一致性原则。被确定为同一类型的乡村旅游资源，应当表现为在资源的形成基础上具有类似性，也就是说，同一类型的资源无论是自然环境还是人文环境都能够表现出一样的特征，并且同属于一个类型的乡村旅游资源在发展和演变的规律上也能够保持相似性。另外，同类型乡村旅游资源在社会、经济、文化等方面的未来发展趋势上也能够趋同。（3）同时性原则。

由于乡村旅游资源会随着时间不同而表现出不同的特点，是一个受季节变化影响明显的地域综合主体，同一个乡村旅游资源在不同的季节会形成不同的景观表象。从这一分析来看，要保证乡村旅游资源的分类科学性，并且使得不同类型的乡村旅游资源之间具有相互比较性，就必须体现同时性原则。也就是说，在同一时间点上，同一类型的资源表现一致，从而真实地反映不同类型的乡村旅游资源所具有的同类特征。（4）持续更新原则。不同时期人们对旅游资源的认识有差异，消费者对旅游吸引物的理解也在发生着变化。随着旅游产业由传统观光向休闲度假的转变，乡村环境也成为旅游消费者的追求目的。目前，乡村旅游者更加喜欢乡村安静的环境、清新的空气。夏季凉爽的局部气候、高空气负离子含量的大气环境，可以成为乡村旅游开发的资源凭借。

根据上述乡村旅游资源分类原则以及资源属性，乡村旅游资源分为乡村自然旅游资源和乡村人文旅游资源。

1. 自然旅游资源

乡村自然旅游资源包括田园、林区、渔场、草原、牧场等，以不同的产业门类为依托的自然景观型资源。

（1）以种植业为依托的田园型

自然田园风光是乡村景观中最主要的构成部分，是旅游者首先感受到的资源类型，是乡村旅游资源开发建设的基础，是在我国最常见和典型的乡村旅游资源，它包括大规模或连片的农田带、多种类的经济果林与蔬菜园区等，和西方国家不同，我国一直有悠久的农耕传统，也因此形成了独一无二的风土人情和人文景观。

中国是一个幅员辽阔、地大物博的国家，各地的地形环境与气候条件千差万别，由此产生的农耕景观也各有千秋。在千百年的农耕历史中，各地的本土住民都因地制宜，发展出了适合当代环境的耕作方式，也因此产生了多姿多彩的田园风景。

我国的农业景观可按照种植的作物种类分类，比如茶园、竹园、桃园、梨园、杏园、花卉园、番茄园等；还可依据不同的地理区位分为六类：沿海渔业景观、江南水乡田园景观、平原田园景观、丘陵盆地田园景观、畜牧草原景观、高原田园景观等。乡村田园景观展现出恬静而和谐、淳朴而生意盎然的韵律，因而成为城市居民精神和情感上的"寻根之处"。

我国的农业生产以种植业为主，这些种植型田园，有许多本身就是很好的旅游资源，可以开发成旅游产品，例如云南曲靖罗平油菜花田园风光、昆明呈贡斗南镇花卉大棚、花街、花市等都是科技含量高、观赏性强的田园型乡村旅游资源。当然此类型的乡村旅游资源不仅限于传统的种植型田园，也包括运用现代农业技术的瓜果、花卉温室（大棚）、优质蔬菜、无土栽培、反季节栽培示范基地等。例如，昆明于20世纪90年代中期，相继在团结乡、安宁、呈贡和三监农场建起了具有旅游功能的苹果园、梨园、桃园。近年来，四川攀枝花推出的芒果园也颇受欢迎。

（2）以林业为依托的林区型

这指具有旅游吸引力的人工林场、林地、森林公园等，可以开发休闲、度假、野营、探险、科考和森林浴等多种旅游产品，这一类型的资源在乡村旅游发展初期占重要地位。例如，鄂伦春乡村的林海雪原风光、海南黎寨的热带雨林风光，而昆明西山区棋盘山国家森林公园、卧云山等均在当地乡村旅游初期扮演了重要角色。

（3）以渔业为依托的渔场型

这种类型的旅游资源可以是滩涂、湖面、水库、池塘等水体，也可以是农家后院的鱼塘，这些资源只需要经过简单包装即可开发为旅游产品，让游客广泛体验渔家生活乐趣，如昆明北部松华坝水库以南一线，以鱼塘为特色的农家乐已经具有一定的知名度，成为市民乡村旅游的重要选择。

（4）以养殖业或牧业为依托的牧场型

众多的牧场、养殖场都具有旅游吸引力，尤其对中小学生、少年儿童，例如昆明呈贡的梅花鹿养殖场、个旧乍甸牛奶厂、呼伦贝尔盟巴尔虎旗的呼和诺尔旅游点等等，均是这一类型旅游资源开发得较好的典型，这些资源开发投入低，产出大，旅游者对旅游购物品的需求大，同时对企业产品还有一定的广告效应，开发这样的旅游资源可谓"一举三得"。

2.人文旅游资源

乡村人文旅游资源是乡村地区在长期的历史发展过程中，各种生产、生活要素的积累和沉淀，构成乡村旅游独具特色的核心吸引物。

（1）乡村建筑文化

乡村建筑是"乡村性"的一个很重要的方面，乡村建筑属于"没有建筑师的建筑"，是一种土生土长的乡村文化与精湛技艺相融合的结晶，人伦之美、人文之美在其中表现得淋漓尽致。宗教仪式的殿宇、村子入口处、庭院内的风水树石、古城边的塔、古镇中的庙都可能是一种文化的寄托、神灵的象征，具有丰富的文化内涵，具体地说，乡村建筑包括乡村民居、乡村宗祠建筑以及其他建筑形式。不同地域的乡村民居，均代表一定的地方特色，其风格独特迥异，给游客以不同的感受，如东北地区的口袋式民居、青藏高原的碉房、华北地区的四合院式民居、南方的人井院、客家五凤楼、围垄及土楼、内蒙古草原的毡包、喀什乡村的"阿以旺"、云南农村的"干栏"、苗乡的寨子、黄土高原的窑洞、东北林区的板屋等，千姿百态，具有浓郁的乡土风情，尤其是乡村宗祠建筑，如气派恢宏的祠堂、高大挺拔的文笔塔、装饰华美的寺庙等，反映出乡村文化的某一侧面。

（2）乡村聚落文化

聚落是人类活动的中心，它是人们劳动生产、居住、生活、休息、进行社会活动的场所，乡村聚落的形态、分布特点及建筑布局构成了乡村聚落的丰富内涵。具有整体性、独特性和传统性等特点，反映了村民们的居住方式，往往成为区别于其他乡村的显著性标志。

我国乡村聚落分为集聚型（团状、带状和环状）、散漫型（点状）、特殊型（帐篷、水村、土楼和窑洞）等，如广西桂林的阳朔、龙胜县的平安村、贵阳市的镇山村、井冈山的拿山盆地、江苏昆山周庄、山西平遥古城、安徽黟县西递村、江西乐安县流坑古村、浙江诸葛村、福建客家围屋等都是深受游客喜爱的旅游地。

（3）乡村农耕文化

我国的农耕文化源远流长，以商鞅"垦草"为代表的农耕思想，重农抑商、耕读为本的儒家思想代代相传，历经数千年的浸润，形成了中华文明和文化的重要组成部分——农耕文化。乡村"天人合一"的环境，田畴、农舍、篱笆、鱼塘、窗含新绿、户对鹅塘，宁静舒缓的生活节奏，日出而作，日落而息，如炊烟轻袅，如闲云舒卷，刀耕火种、水车灌溉、渔鹰捕鱼、采藕摘茶等农事活动，充满着浓郁的乡土气息，构成一幅幅田园韵味极浓的农耕画面，乡村农耕文化的形式载体越古老，其派生的乡村性就越独特、鲜明，对于城市居民、外国游客就越具有吸引力。

（4）乡村礼仪文化

我国素有礼仪之邦的美誉，礼仪在传统文化中占有突出的地位。乡村礼仪源远流长，反映出特定地域乡村居民的生活习惯、风土人情，是乡村民俗文化长期积淀的结果，是村民精神凝聚力的一种体现。

（5）乡村节庆文化

乡村节庆反映出乡村特定地域的生活习惯和风土人情，是乡村文化长期积淀的结果。乡村节庆可分为生产节庆、纪念节庆、时令节庆等，五彩纷呈。

（6）乡村艺术文化

乡村艺术文化带有浓郁的乡土审美特征。田园诗人、田园书法家、田园画家、田园作家的创作具有丰富的审美想象和幽深的意蕴，游客从中既可欣赏到优美的乡村自然风光，又可体会到与世无争的心境。另外，流传于乡村地区的传统音乐、舞蹈、地方戏曲、杂技、民歌、民间神话、传说、故事、歌谣、谚语、民间体育、游戏等艺术文化，这些情真意挚的民歌小调，反映农事活动的歌谣，表达青年男女爱情的对歌以及流传在民间的各种口承文学作品，种类繁多，体现了朴实清新的村韵野趣，能够起到娱乐休闲和特殊的表情达意的功能，深受现代游客的喜爱，如赶歌、舞龙灯、舞狮子、陕北大秧歌、东北二人转、西南的芦笙盛会等，凭借有形的载体为依托，集真实的乡情、民情于一体。

（7）乡村手工艺文化

乡村手工艺指和农业、农村、农民、农俗相关的，具有地方特色的工艺品、土特产、食品及其加工制作过程。乡村手工艺与乡村生活紧密相连，具有一定地域性、时代性、民族性特点，直接反映出乡村地区的文化特性和审美情趣，因而具有很大的旅游吸引力。例如，民间流传的编织、印染、陶瓷、剪纸、绘画、刺绣、雕塑、彩灯、手编花篮、皮影、风筝制作等工艺制作过程和制成品都是很好的旅游资源，其中，乡村服饰和乡村工艺品在乡村手工艺文化中占有重要地位，应当成为我国乡村旅游购物品资源主角，乡村服饰是乡村人审美意识的外在显现，如土家村落的土家织锦、壮族村落的蜡染布等。乡村工艺品是乡土艺人所创，反映乡村人心灵手巧的一面，如蒙古村落的鼻烟壶、黄江县农村的版画、潍坊年画、贵州蜡染、南通扎染、青田石刻以及各种刺绣、草编、泥人、面人等。

（四）乡村旅游资源的特点

乡村旅游资源除了具有旅游资源多样性、吸引力定向性、垄断性、易损性（脆弱性）、可创新性等共性外，还具有区别于其他旅游资源的一些个性特点。

1. 乡村性

乡村性（Rurality）的内涵在前文中已经说明，它是乡村旅游资源的核心特性，是乡村旅游资源区别于其他类型旅游资源的标志。乡村旅游项目建设应扎根本地，研究本土文化内涵。脱离了文化的旅游，就像脱离了商品的商业一样，没有根基。文化的种类很多，包括本地民俗、美食、典故等都是值得植入的文化调料。旅游的根本是文化，是心灵的体验。做好文化，是做好旅游的最基本条件，乡村旅游当然也不例外。

2. 和谐性

人们经过与自然环境的反复较量，逐渐认识并掌握了自然规律，人不能主宰自然界，只能和自然界平等相处，乡村的自然和人文资源应是和谐搭配的，包容了自然和人文资源的乡村社区也应是和谐的，这是实现可持续发展旅游的必经之路，包括以下几个内涵：旅游资源开发、管理规范，组织工作到位，卫生、治安状况良好；各主体间利益关系和谐；分配制度合理，政府和居民、居民和居民之间人际关系总体上友好、融洽、和睦；和乡村旅游资源相关的各主体和旅游业的关系和谐；社区参与动力足，各主体自觉支持乡村旅游的发展；人与自然和谐；旅游资源区环境优美，动植物生态良好；产业和谐；乡村旅游产业结构合理，经济稳步、协调发展，居民收入逐年递增；居民和游客之间的关系和谐；乡村居民对游客抱欢迎态度，游客的旅游印象良好；与周边资源区和谐；乡村旅游资源具有一定的知名度和良好的口碑，本地乡村旅游的可持续发展不会影响相关地区的利益。

乡村旅游资源相对于其他旅游资源来说，更多地表现为人和自然的和谐性，是在长期发展过程中，乡村区域的居民和周边的自然环境相互作用和影响而形成的乡村旅游元素。基于旅游资源的乡村景观在形成过程中，可以看作是当地的人和地理环境之间不断磨合和协调的过程。在这一过程中，人们如果顺应了自然发展规律，遵循了生态发展的需要，实现了人和自然之间的协调一致，该区域就会受惠于自然，使得乡村的社会经济更加和谐；如果人的活动违反了自然规律，破坏了生态环境，就要受制于自然而使得当地环境恶劣。就是这种人与自然环境之间长期的反复磨合，使得当地的景观发展和自然规律之间逐渐协调，使得农村区域的旅游资源成为当地人和自然和谐的产物。相应地，乡村区域的人对自然环境在漫长的历史过程中的改造和适应，最终塑造出来的乡村景观是人和自然直接和谐的表现形式。

3. 广泛性

在全球范围内，除了诸如高山、沙漠以及极寒地区等不适合人生存的地域以外，都有人类居住。这些不同地域的居民，在农、林、牧、渔业等产业领域广泛地开展改造自然的实践活动。立足于不同地区的自然条件，人类经过了长期的不懈努力，都在自己的居住地创造出了多种多样的乡村景观。这些景观遍布于世界各个角落，其中大部分都成为现代乡村的旅游资源，为当地乡村旅游业的发展提供了基础。可以说，乡村旅游资源在空间分布上的广泛性是基本的特性之一。

4. 时空性

时空性即随时间和空间的变化而明显变化，乡村旅游资源与自然环境、社会环境的关系十分密切。在不同的环境影响下，形成了不同的景观，即使同一种景观类型，在不同的自然条件下又有不同的特征，所以说乡村旅游资源具有时代性的特点，从乡村景观的变化中可以清晰地看到时代发展的轨迹。

总之，由于地球上自然环境和社会环境的地域分异，形成了乡村旅游资源具有明显时空性特点。

5. 民族性

民族文化是构成乡村旅游资源的重要元素，也体现着乡村旅游资源的灵魂。不同民族都在长期发展中演化出了各自民族所独特的文化。随着现代城市区域的信息交流日益频繁，不同城市地域的民族文化或多或少地融合了其他民族的元素，从而使得现代的城市区域更多地体现了多民族文化交融的发展趋势，使原有的民族文化发生变异。而在我国广大的乡村区域，因为地理区位的偏远，交通和信息的不畅通，这些地区的民族文化传统得到了较好的传承，具有原有的独立性和传统性。而这些保持良好的原汁原味的民族文化，赋予了乡村旅游资源独特的魅力，所以对于乡村旅游资源来说，民族性特点较为突出。在一定程度上，民族性是和当地的乡村旅游资源吸引力之间，有着明显的正相关性的。这一特点特别是在我国一些边远地区的少数民族乡村所表现出来的浓郁民俗文化中得到了体现。

（五）乡村旅游资源的评价

1. 乡村旅游资源评价的主旨

乡村旅游资源评价是乡村旅游业发展的重要基础性工作，是各类市场主体发现和组织不同类型旅游活动的科学决策依据。乡村旅游资源评价是指按照一定的标准，确定某一旅游资源在所有旅游资源或同类旅游资源中的地位，即从纵向和横向两方面对旅游资源进行比较对照，以确定被评价旅游资源的重要程度和开发利用价值。要想深入挖掘潜在的旅游优势资源，并成功地将其转化成客观社会经济领域的现实优势，就必须要落实旅游资源综合评价工作，并以此为基础科学推进旅游综合开发。也就是说，一定要利用对旅游资源的全面深入调查，并进行深入分析和科学论证后，才能形成较为科学的资源评价，以便提供充实的依据，保证乡村旅游资源开发利用的各个环节更加合理，也能够保证乡村旅游区域的实际规划建设可以有更加明确的发展方向以及更加坚实的发展基础。

2. 乡村旅游资源评价的主要方法

（1）定性评价

定性评价是一种描述性评价方法，主要采用包含美学价值、文化价值、科学价值、历史价值、环境质量、组合状况、区位条件、适应范围、旅游客量、开发条件在内的标准进行评价。该方法使用简单、应用广泛、包含内容丰富，但只能反映资源的概况，受主观因素的影响较大。体验性评价是定性评价中最常用的方法，它基于评价者对旅游评价客体的质量的亲身体验。根据评价的深入程度及评价结果的形式，可分为一般体验性评价和对旅游资源的美感质量评价。

（2）定量评价

旅游资源定量评价是指评价者在掌握大量的数据资料基础上，根据已定的评价标准，运用科学的统计方法和数学评价模型，揭示评价对象的数量变化程度及其结构关系之后，给予旅游资源的量化测算评价。

随着旅游资源评价研究的深入，定量评价方法逐渐被采用，如回归模型方法、菲什拜因——罗森伯格模型（Fishbein-Rosenberg Model）、层次分析法等。由于定量评价法是根据一定的评价标准和评价模型，将有关旅游资源的各评价因子进行客观量化处理后再进行的，所以它的评价结果客观并具有可比性。在实践工作中定量评价方法受到越来越多的重视和越来越广泛的应用。

在国标中提供了一套规范的量化评价方法，是旅游区资源定量评价的重要参考，但这些方法不太适用于乡村旅游发展，或在缺乏高知名度旅游资源的乡村旅游地用此评价方法得到的分值很低，与实际情况不太符合。因此，很多学者进行了乡村旅游评价体系的探索。有的学者认为乡村景观评价应遵循景观生态原则、景观美学原则、景观资源化原则、景观价值原则和自然与文化遗产原则五个方面，并以此构建乡村景观质量评价指标体系内容，即乡村景观质量指标、乡村吸引力指标、景观认知程度指标、人造景观协调度指标和景观视觉污染指标等方面，对每一指标加以细分，并对乡村旅游景观进行了客观、综合的评定。

当然，由于乡村旅游资源种类多样，一个评价模型并不能完全客观应用到所有的乡村旅游地，在具体运用时，应根据实际情况做适当的调整。

二、乡村振兴视域下乡村旅游资源的挖掘

乡村振兴战略为乡村资源的挖掘利用提供了发展基础和目标定位。乡村是乡村资源挖掘利用所依赖的区域载体，也是乡村振兴战略的实施目标。首先，良好的生态环境是乡村旅游挖掘利用的基础和前提，一个村庄是否有良好的生态，有赖于乡村生态环境的保护和有效治理；其次，乡村资源的挖掘利用本质上是一把"双刃剑"，需要乡村振兴战略的正确引导；最后，乡村资源的挖掘利用，乡村价值是产品挖掘利用的核心价值，资源是产品挖掘利用的内容支撑，而"乡风文明"为乡村文化保护、传承提供了正确指引和重要保障。

乡村旅游资源挖掘应考虑业态布局，主动顺应现代商业消费趋势。有些人将当前时代的乡村旅游简单粗暴地总结为"复原乡村本来的面貌"，但这种想法是错误的，只是返古的逆趋势而动。在产品打造的同时，一定要熟悉现代旅游商业消费的特点和要素，用精美的商品去打动大城市来的寻求体验的游客，用服务、用创意给他们惊喜，这才是现代旅游消费所需要的内容。

乡村旅游资源挖掘应采用创新性的运营思维，如果还停留在利用房地产销售去反哺旅游投资的商业模式，那最终只会导入死胡同。商业模式的破旧立新应该建立在产品为王、现金流逻辑的基础上。只要能做好产品，做好运营，引爆人流，那么其他一切都会纷至沓来。时代给每个企业都敲响了警钟，但我们在思考未来一年企业战略布局的时候，我们更应该去反思，当今时代市场的脚步走到了哪里？哪里是社会大潮共振的方向？我们在快速刷新行业知识的同时，更应该反思，我们前行的方向有没有脱离时代？

三、乡村振兴视域下乡村旅游资源的开发

（一）乡村振兴视域下乡村旅游资源开发的困境

在乡村振兴背景下，农村也逐渐开始进行产业结构调整，积极发展旅游业等新兴业态，促进内部经济活力。乡村旅游资源的有效开发和维护是旅游业发展的物质基础，但是在开发过程中仍面临过度化、同质化、简单化等问题，降低了旅游资源的开发效率，也制约了各种资源之间的协调发展。

首先，我国目前的乡村旅游项目存在主题内容雷同的问题，历史文化要素深度比较匮乏。复制文化成为乡村旅游建设的一阵风。我国大部分的乡村旅游或休闲农业都基本呈现同质化的问题。比如关于花海，除了规模不一样外，其他可能大抵相同。再比如农家乐的问题，几乎就是简单的餐饮，再加上棋牌、钓鱼，很难找到其他有游览意义的内容。观光、体验方面也几乎是雷同的，不能体现一个地方的特色农业和文化。各色的花海、各色的违法棚内"生态"餐厅、各色的农耕文化、各色的稻田艺术、稻田酒店、民俗展示、婚庆等，乡村再一次成为千篇一律的乡村，而旅游核心的灵魂、自身的特色、差异化竞争在建设过程中鲜有挖

掘。没有独特产业的乡村从空心化到回归，最终依旧走向空心化，如何考虑产业、如何留住劳动力、如何升级乡村特色，并建设富有特色、无以取代的三生体系，是乡村旅游建设的核心。

其次，我国的乡村旅游缺乏旅游管理人才，忽视软环境治理。很多乡村旅游景区为减少管理成本，负责人只在本地随意招聘居民作为管理人员，对景区进行管理和运营，有的甚至将管理任务完全交由当地的村管干部来管理，更有甚者将低保户作为临时管理员，为他们解决工作问题。其实，这些举措的出发点确实是好的，但结果往往不如人意，旅游管理是非常专业的学科，因此必须要由专业人士来负责。地方抓旅游，往往注重硬环境的建设，却忽视软环境的治理。比如项目价格虚高、隐形消费、服务质量不过关、项目流程化等，这些在大景区的通病，也在本应淳朴的乡村旅游中出现，这会严重影响游客的体验，也失去了乡村旅游的独特价值。

再次，部分乡村的旅游景点规划过于整齐划一，而且盲目追求所谓的"高端设计"。乡村旅游的落脚点是乡村，游客去农村主要还是想要体验乡村特色和风情，如果把乡村开发得太过豪华，讲求所谓的"上流"格调，反而失去了乡村旅游的意义。开发乡村旅游，万万不能摒弃了乡村的质朴与自然。

第四，部分旅游项目在建设中逐渐脱离了作为主体的村民，使乡村原味不够。中央一号文件明确提出，在发展田园综合体建设定位上，要确保"姓农为农"的根本宗旨不动摇。一方面是因为开发田园综合体的目的就是要提高农民收入，让农民得到实际的物质实惠；另一方面，也是因为只要农民当家做主，将乡村旅游项目正式作为自己的创收项目，才会重视并大力投入旅游项目，提升景区建设的干劲，并主动维护景区形象。乡村的原味不只包括自然风物，更要融入乡村的生产方式、生活习惯以及乡村的淳朴风俗，以及乡村的社会治理方式。尤其是传统的治理方式，宗族、家族，包括今天的村民自治、村规民约等。这些原味是要结合乡村的现实，而不能用刻意的塑造堆砌，最终为游客打造一个原汁原味的乡村图画。

最后，部分地区片面追求建设，忽略宣传推广。随着近年来旅游消费结构的持续升级，以及国家对乡村扶贫、旅游建设、文化建设重视程度的日益提升，在乡村旅游发展建设上的投入也不断加大，乡村旅游的基础设施与配套服务日益完善，景区面貌也日新月异。然而，这些举措最终并不一定能够有效提升游客量并带来收益。很多情况下，这类问题的根源在于景区对宣传推广工作的重视程度不够，许多景区尚处于"酒香也怕巷子深"的状态。游客的参访量并不是单纯的数据，作为主体的游客自身既是感性的，又是理性的。因此，景区建设者需要深入分析与把握完整的游客消费过程，解决好五大问题：游客为什么来、什么游客来、游客怎么来、游客来了干什么、怎样让游客介绍人来。对此，许多的乡村旅游建设者笼统的概括为：城里人来、到乡里来感受、开车来、体验乡村、美的地方自然会吸引人来。但这种思路其实是不科学的，没有细分景区的受众人群、出游目的等，相应的推介也就更加无从说起。中国的乡村数不胜数，旅游景点建设的难点在于让游客认为某个景点有"独一无二"的景观和旅游体验。有些缺乏创意的景观设计者甚至直接将乡村建成大型公园，这和城市公园其实没有本质区别，完全失去了乡村独有的优势。在乡村旅游建设的过程中，需要深入挖掘特色与亮点，并以此为名片进行重点宣传与推介，为游客带来"不得不来、必须要来"的极致体验。

乡村旅游存在的另一个普遍问题是：建设者没有理清楚乡村旅游的底层逻辑。虽然对乡村旅游的扶持和探索持续了许多年，各地政府为了推动乡村旅游发展也编制出台了许多规划，但可以发现，有些地方最终能够发展起来，有些地方却始终无人问津，甚至成为烂尾项目。要解决这个问题，需要从经济与社会逻辑、政治逻辑和商业逻辑三个方面入手，浅析乡村旅游的底层逻辑。

从经济与社会逻辑角度分析：乡村旅游的核心客群在城市。从乡村旅游的消费动机来看，根据杜鹃等学者的研究，去乡村旅游的人群主要有逃离城市环境、体验乡村生活、社会交往需求、休闲娱乐需求、舒缓压力、商务需求等。前提是城镇化率到达一定程度，才会有大量的潜在客群有意愿去乡村旅游。如果城镇化率不足，城市居民过少，一个区域内是不会有大量专程前往乡村旅游的游客的。所以，如果无法理清行游比数据，是很难发展乡村旅游项目的。

以英国为例，城镇化率达到70%才开始反哺乡村与复育乡村。我国幅员辽阔，各地发展很不平均，全国平均城镇化率到2019年达到60%，其中长三角地区城镇化率已经达到70%，上海更接近90%，但西部偏远地区城镇化率却很低。所以可以看到近几年发展得较好的乡村旅游项目，大都集中在这一区域，如无锡阳山田园东方、莫干山的洋家乐等。这也是为什么田园综合体的创始人张诚带领团队走遍了全国各地，最终选择在无锡阳山，实践第一个田园综合体的重要原因。这一点与特色小镇在全国发展规律是完全一致的。特色小镇在浙江爆发，并红遍全国，但全国其他地方如法炮制却演变为"房地产化"倾向。其核心原因在于小镇集聚本质上是浙江"块状经济""块状产业"集聚的空间物化。由产业、人流、物流集聚需求催生出空间集聚需求，进而催生出用地需求。需求匹配才能够实现资源高效配置。

所以，从底层逻辑角度出发，选择乡村旅游发展地域，更多的企业会优先选择在城镇化率较高的区域、旅游头部资源较好的区域富集。在符合经济规律和商业逻辑的地方，特色小镇发展较好的地方，城、镇、村三者才能够更好地互动起来。不然乡村旅游要想单打独斗，尤其是文化和旅游资源没有特殊优势的村庄想要突出重围破解旅游困局非常困难。然而，在全国城镇化率未达到70%，也就是没有达到合适且成熟的经济社会条件，即开始全面推进乡村旅游必然带来发展成本的高企。但除了经济诉求外，整个宏观布局需要考虑的项目，远远不仅仅是经济因素这一项这么简单。

从政治逻辑来分析：由于地域条件差异，各地区经济发展不均衡，贫富差距日益明显。2015年11月底《中共中央国务院关于打赢脱贫攻坚战的决定》提出，到2020年"稳定实现农村贫困人口不愁吃、不愁穿，义务教育、基本医疗和住房安全有保障"。在全国布局方面，不断通过各项政策，希望实现城带动镇，镇带动乡村的发展格局，形成发展一盘大棋的社会共识，而缩小贫富差距更是重中之重。2016年7月，全国范围的特色小镇热潮由《关于开展特色小镇培育工作的通知》的颁布掀起。热钱的快速涌入并未带来"城带动镇，镇带动村"的发展局面。部分地区的小镇管理者也未将特色产业融入小镇，仅是资本持有方认识到了囤积土地的价值。特色小镇在经历冷静期后，各地资本持有方变得更为理智。2017年10月，十九大会议上提出乡村振兴战略，乡村旅游的热潮才真正被强势掀起。乡村旅游助力乡村振兴，实现乡村就地村镇化，包括后续一系列返乡创业如"星创天地"等激励政策都源于此。乡村旅游成了继特色小镇之后，保发展稳定大盘的重要一子。但由于我国发展不均衡，很多地区需要政府投入大量的资金成本，来满足乡村旅游基础设施不足的需求。这就额外需要更多的政策补贴、补助来满足旅游产业的发展需求，而往往在这种情况下，取得的效果是事倍功半的。

之前，原旅游局曾经评选全国乡村旅游扶贫重点村，近几年名称变更为"全国乡村旅游重点村"，包括评选的要求也强调，文化与旅游资源富集并具有较完善的基础设施与公共服务设施才能评上重点村。去掉"扶贫"两个字，各地开始更加实事求是地看待乡村旅游发展的核心问题，有文化旅游资源、有条件才支持乡村旅游发展。调整之后的财税政策，开始将更多的资金用在旅游产业基础较好，乡村旅游发展前景较佳的区域，更加理智看待乡村旅游。

除了消除贫困带动的就业需求外，固边安邦也成为乡村旅游的重要使命。如首批全国乡村旅游重点村中，加上旅游发展条件因素，云南、新疆等地的村庄上榜数量远超国内其他省或直辖市。随着乡村旅游在各地的推进，各部门也更加务实地看待，乡村旅游之于乡村振兴乃至更大方面的作用。

从商业逻辑的角度来看：乡村旅游在早期需要投入大量资本。且农业季节性周期导致旅游旺季过于集中，淡季门可罗雀，资本的回收期较长，这些不利因素一直是导致乡村旅游建设虽然持续了许多年，政府也主导了许多旅游名村名镇规划，但之后都很少有下文的重要原因。资本流入与流出某一领域必然考虑其内在的投资逻辑。这笔投资回收期多长，前期投入会不会过大，会不会最后资金链断裂导致项目失败都是投资方要考虑的因素，这也是为什么社会资本虽然认识到了乡村旅游政策的东风，但也一直不敢进入的重要原因：盈利模式模糊不清。乡村旅游融资难，一直是乡村旅游发展的瓶颈。但其实符合条件的集体土地早在2016年发布的《农村集体经营性建设用地使用权抵押贷款管理暂行办法》就已经具有抵押贷款的能力了。但由于目前的农村集体建设用地的使用权，由于抵押物价值评估工作不规范，抵押物流转变现仅局限于一个县或者乡的一个试点范围内，交易平台范围狭小导致抵押物流转变现的困难较大。集体建设用地相较于国有土地在资本运作方面面临的困难也更大。

在2019年5月《关于建立健全城乡融合发展体制机制和政策体系的意见》

提出"已入市集体土地和国有土地在资本市场同地同权",将会进一步利好乡村旅游前期资本运作逻辑,缓解乡村旅游融资压力。

除此之外,在前期资金问题解决后,利益相关者利润分配问题也是乡村旅游发展成败的重要一环。乡村旅游项目在与周边村庄带动关系上需有明晰的分配与带动策略,使周边的利益相关者融入旅游发展中,参与旅游发展才能够在未来旅游产业发展到一定阶段,尤其是知名度越来越高,商业价值逐步凸显时继续享有商业红利。正面典型案例如阳泉袁家村,反面教训如云南部分民宿。

早期很多景区在划边界的时候,尽量不将村庄划进来就是为了景区便于管理。但这之后的隐忧,也因为将村民排除出景区边界,而长期潜伏在项目建设汇总。本土居民对建设形式感到不满,因为虽然景区人气旺盛,发展势头强劲,而且收益颇多,但自身却无法从中获利,于是,各种社会矛盾在不平衡的发展过程中逐渐累积,并最终爆发,甚至会影响到景区的良性发展。这一情况在诸多景区发展到后期,都或多或少逐步呈现出来。乡村旅游更是如此,本就是利用乡村资源开展旅游活动,前期分配模式或者商业模式必须首先理清楚与村民、村集体的关系,形成利益共同体,才能够在中后期更好地推进乡村旅游发展。有些地方尝试村民、村集体、投资方各占三分之一的模式来分享经营利润。各地情况不一,在商业模式的演化中利益分配机制是重中之重,理清如何与周边共享发展红利,再考虑资本回收周期会更利于乡村旅游良性、持续发展。

乡村旅游成功案例固然有相当的积累,但失败案例更不在少数。在准备投入旅游事业的时候,一定要综合分析项目所处地域的经济、政治、社会条件与政商情况,不然单靠情怀还是容易一无所获。当然,理清乡村旅游底层的逻辑,围绕核心文旅资源,开发符合地域文化特征的产品,并不断随市场变化迭代旅游供给,也是项目成败并持续盈利的关键。理清逻辑关系之后再系统性评判乡村旅游发展的可行性,才不会出现"头痛医头,脚痛医脚"的诸多问题。乡村旅游建设者在学优秀案例之前,不能生搬硬套、跟风抄袭,而是需要理清对方成功的底层逻辑,这才是避免项目烂尾的关键。

（二）乡村振兴视域下乡村旅游资源开发的策略

1. 明确开发原则

（1）统筹规划原则

要求各个系统局部部分协调一致统一发展。乡村旅游资源类型多样，内容丰富，把各个类型的旅游资源组合起来成为一个整体，所以在对旅游资源进行开发打造时，要把全部类型的旅游资源结合起来，从整体上打造旅游项目，系统安排、统一规划，推动乡村的旅游业的进展。得益于乡村振兴这个政策的实施，乡村旅游得到前所未有的发展，慢慢变成一种新的经济发展模式。乡村旅游把旅游业融入了农业，两者相互融合、相互促进、统筹安排、共同发展进步。但是在乡村旅游资源的开发过程中也要避免对生态的破坏，将原生态和经济效益有效结合起来。

（2）因地制宜原则

乡村振兴策略讲究因地制宜原则，面对各个地区各具特色的环境条件提供合适的发展规划。与此同时，因为每个地区的地理环境、自然气候以及人文历史不同，因此，它们可开发的旅游资源也各不相同，每个地区都有各自的特色资源，所以，在进行资源开发时要因地制宜，具体情况具体分析，在各自拥有的资源基础上，做到有针对性地开发利用，并根据自身情况确定旅游主题。因地制宜原则是在保护好当地旅游资源的基础上，进一步发掘资源的特色，要凸显出它的与众不同之处。详细地说，就是每个地区要充分利用好自身的特色旅游资源，比如天然形成的自然资源，独有的民俗风情等，以其独特性来吸引游客前来。但是，因地制宜原则不是只局限在特色资源的开发，而是在凸显个性的同时，开展多元化的旅游模式，用丰富多彩的旅游项目来满足游客们多元化的需求。

（3）生态保护原则

乡村振兴战略的实现要与生态宜居策略相结合，在振兴乡村经济的同时，也要注重生态环境的保护，乡村自身的生态环境在时间的洗礼下逐渐发展改变和进化，很容易受到外部条件的影响，因此人为因素和外来事物都可能会对这个生态系统产生一定的影响，也许会破坏它的生态平衡，对当地的自然条件造成不可挽回的后果。乡村旅游的魅力在于天然清新的自然环境，以及独具特色的人文景观，如果这种生态环境遭到破坏，那么乡村旅游就失去了吸引力，生态保护原则就是对旅游资源进行开发的同时，注意保护原生态，尽量避免人为改变，维持其天然朴素的特点。详细讲就是对田地、树木以及水资源，在开发利用过程中尽可能保护原有特色，采取科学合理的开发手段，避免破坏生态环境，政府部门也要出台相应的环境保护政策，保护好旅游开发地区的自然环境。

2. 确定科学合理的开发模式

（1）开发模式确定的依据

①开发模式要凸显优势，使民众积极参与

乡村的旅游资源虽然丰富，但是开发并不充分，很多具有旅游价值的资源被遗漏，没有被开发，浪费了大好资源。并且因为开发过程才刚起步，资金的分配和管理没有标准化流程，在资源利用方面存在很多不足。所以乡村要在这些问题的基础上，选择合适的开发模式。而且，根据以前的经验分析，乡村旅游的建立一般都是政府带头指挥，企业只看重经济效益，村民袖手旁观。所以，在选择开发模式后，要刺激各方参与者的积极性，这样不但响应了政府支持，保证了建设资金充足，还为服务水平的进一步提升提供了可靠保障。

②选择的模式要使旅游资源的开发具有弹性

开发过程具有弹性讲的是注意开发的纵向深度和横向广度，当今的游客越来越注重个性化和多元化的旅游产品。所以选择开发模式时，要注意横向拓展以及纵向深入。比如赏花摘果这类田园型旅游资源，可以把它看作项目重点，但是也要拓展其他项目，增加景区的趣味性，并且选择旅游项目时要注意激发游客的积极性，注重形式多样性，顺应时代发展和季节变迁。乡村旅游因为季节性比较明显所以更要注意。

③保障乡村旅游景点的可持续发展

乡村振兴战略的主要内容是在发展乡村经济的同时，要兼顾生态环境和文化效应，要为子孙后代考虑。不能只看到眼前利益，忽略生态环境的保护。在开发旅游项目时，也要在乡村振兴战略指导下进行。乡村旅游资源虽然比较有特色，但是也容易被破坏，许多风俗文化都被融入古建筑和美食中，如果只注重经济利益，那么很容易对乡村文化造成破坏。而且，乡村文化一般具有排外性，每年来游览的旅客大多是本地人,这是一个普遍的社会现象,因此,无须刻意迎合外省游客而建立一些大众化的游乐设备,同质化严重的旅游景观,反而让人不感兴趣,这就无法保障乡村旅游景点的可持续发展。

(2)政府+公司+旅行社+农户模式

乡村旅游建设虽然才进行了短短几年,但是发展速度非常快。由于乡村旅游资源独具特色,因此必须找到一种有益于参与各方的开发模式。目前的情况是只有寥寥数个乡村旅游景点开发完备,大多数旅游景点才刚起步,这期间需要大量的开发资金和技术支持;此时政策的指导对乡村旅游确定开发模式有重要的指导意义;村民自发建立的旅游景点形式单一单调、农家乐同质化严重、交通不够便利、管理不够标准,这些问题都需要尽快解决。但是如何解决,这就需要调动每个参与方的积极性,先确定开发模式。为了更好地实现乡村振兴的战略目标,乡村旅游最终确立了政府+公司+旅行社+农户的开发模式,这四个主体在利益上捆绑,管理上分权而立,既把利益结合在一起,又能保持相互独立,可以有效促进乡村旅游的发展,促进乡村振兴目标的实现。

政府是乡村旅游项目的决策者和引领者,尤其是在旅游资源开发起步阶段,政府的引导非常重要,为整个项目的开发提供了方向。与此同时,为了吸引更多的投资合伙人,景区内的基本设施建设,比如公厕、交通、路灯等都要建设完善,为旅游景区开发打好基础。伴随着参与者的深入渗透,政府要在本地市场机制完备的基础上,加强该景区的宣传工作,而且要放宽政策提供支持,约束投资者和农户的行为。

公司是乡村旅游开发的主体,就是说公司在开放过程中,要保障建设资金以及保障旅游产品的质量和数量。它主管旅游产品的设计和规划,接待游客并为他们提供服务,这就需要建设环境良好的接待中心和为游客提供舒心的住宿条件,也要管理服务人员,制定服务规范,保障服务质量。并且也要满足游客的购物需求,比如当地土特产以及纪念品等,保证商贩摊点规范化经营。另外,公司也要建立应急救援场所提供紧急医疗救援,设立管理中心,应对景区内出现的纠纷事故等。还有最重要的一项工作就是帮助景区拓宽业务,增加运营渠道,把资源的优势发挥到最大,提升整个旅游景点的宣传口碑。

农户不但是乡村旅游的开发建设主体，也是旅游资源的组成部分。它不但为旅游项目付出劳动力，也是旅游系统其中的一个环节，比如，农家乐的管理经营者、当地导游等。农户不但承担了乡村旅游的某些管理功能，也是利益的获得者，同时承担着社会责任。另外，农户要遵守政府以及企业制定的规章制度，规范自己的行为，要积极参与岗位前的培训以及接受服务中的监督。因为农户是乡村的常住居民，也是乡村旅游的分享者，要兼顾经济效益和社会责任。

旅行社在乡村旅游点的建设中起到重要的作用，因为本村的旅游景点分布在各个地点，而且不易为人所发现，所以旅行社是景点的推广宣传者也起到导游的作用。而且，还能设计出多种旅游路线或旅游产品通过不同的方式来参观旅游景点，来满足旅客愈来愈多的需求。旅行社是一个公司，需要运营和收入，所以乡村旅游开发中要保障它的经济收益，所以，既然享受了经济效益，那么也要分担一部分社会责任，旅行社也要跟其他合作方一样，有保护生态环境不受破坏的义务，也要自觉规范自己的行为，制止游客中不合理的行为，保护农户的经济效益。

3. 深度开发，增强体验

依照体验经济理论，假如能设计一些旅游项目让旅客回味无穷，一直沉浸在其中的美好回忆中无法自拔，那么这种旅游项目的开发是非常成功的，不但让旅客的旅游需求得到了极大满足，还能让他们产生多次想来体验的心理，每个人都喜欢有特色的旅游项目，而不是千篇一律、大众化的旅游项目，目前游客越来越期望能与旅游产品多做一些互动和体验，尤其是在旅游产品中的情感体验。而且，在乡村振兴的大背景下，只有更好地对乡村旅游资源进行深度的开发利用，才能够更好地带动周边产业发展，才可以确保乡村振兴目标的实现。目前，乡村在设计旅游项目时，还不够完善和先进，过于大众化，无法让游客与旅游产品互动，比如体验农事以及真正感受一下乡下的真实生活，缺乏特色的旅游产品很容易被游客过目即忘。所以在开放旅游产品时，一定要重视游客的体验性，让游客参与到旅游项目之中。

（1）构建完善的乡村旅游体验环境

①在可持续发展的基础上尽量保持原生态的自然环境

游客来体验乡村旅游，本质上就是为了躲避城市喧嚣，来感受乡土气息，放松身心，所以美好的自然环境能洗涤游客一身的疲惫，是吸引游客前来的核心竞争力之一。如果自然环境恶劣，那么乡村旅游开发就是失败的，所以在开发过程中保护好生态自然是非常重要的。所以，在开发乡村旅游资源时，要注意以下几点：一是要科学规划合理设计，把原生态的自然环境放在首位，在设计其他旅游项目时，要注意对周边环境的保护，禁止出现破坏环境的现象，为游客提供乡土气息浓郁的旅游体验，详细并认真研究乡村周边自然资源的特色，按照它们各自的优势和分布情况，合理开发和利用，力求创作出独具特色的旅游产品；二是要牢固树立自然生态的意识，各个合作方包括开发商和当地农民都要把保护自然环境放在首位，因为这样才能吸引更多的游客，也能实现乡村旅游的可持续发展。

②营造舒适友好的社会人文环境

如果游客前来体验时能感受到友好淳朴的社会氛围，那么他们的体验愉悦感就会大增，也会加深他们对本地旅游项目的好感，所以，在开发旅游项目时，要注意营造一个和谐友好的社会体验环境，这些社会体验环境包含景区卫生是否达标，购物环境是否美观整洁以及周围的村民对待游客是否友善等多个方面。首先，集中整改乡村的环境卫生情况，提高村民以及经营者和旅游者爱护环境的意识，每天要定时有专门人员对景区街道进行打扫，要保证垃圾桶的数量够用并安置合理，尽量做到乡村景区的各个地方没有卫生遗漏的地方，更不可以出现垃圾成堆，暴露在外的情况。其次，要保障购物环境干净有秩序。首先要合理规划店面的设置并且要保证商品的整洁有序，店面的装修风格要有本地的文化特色，商品要分类分区域放置，为游客购物提供便利，其次要将客流量限制在一定范围，最好不要一下子涌入过多人流，可以采用分时段分批次游览的方式，这样可以让游客在放松的环境下体验旅游产品的美好。

③打造富有文化内涵的人文环境

乡村旅游开发中的文化效应也是核心竞争力之一，在旅游项目的开展中，要深入发掘本地的文化氛围，提高在旅游市场的竞争。人文体验环境包含当地的古建筑文化以及历史文化沉淀等。在乡村旅游项目的开展中，要读懂乡村文化的内涵，尽量在居民建筑、历史文化以及传统风俗上，向特色化展示上靠拢，为游客营造一个不同于城市文化的宁静、神秘、休闲放松的乡土旅游环境。

（3）构建标准化、人性化的旅游服务体验

①服务标准化

根据乡村的真实情况，在旅游业普遍实行的服务体系标准基础上，制作出符合乡村自身情况的服务标准，把乡村从事旅游工作的人员进行规范化管理，提升服务人员素质和服务水平。

②提升旅游从业人员的基本素质

一是提升聘用标准，择优录取；二是对旅游从业者提供岗位培训，每隔一个时期就要求有关专家对村民或旅游从业者进行培训，与此同时还要时不时将旅游从业者和村民，派去优秀的旅游景区学习取经服务理念和技能；三是建立奖金制度，每个月都要进行优秀员工评比，对表现优秀者进行现金奖励，借此督促旅游从业者提高服务意识和技能，进而从整体上提高乡村旅游项目的质量。

③提倡以人为本的服务理念

重点突出旅游产品中的人性化服务，比如建造母婴室、儿童游乐场所、吸烟室等，从细节上让游客体验到满意。

④提供个性化服务

因为游客来自世界各地、他们的文化水平以及收入水平各不相同，所以体验需求各不相同，针对这种情况，景区应该推出个性化服务项目，满足不同游客的体验需求。

4. 加强产业融合，助推乡村振兴

如今在旅游业快速发展的带动下，传统农业也开始向现代农业转变升级，要想响应国家乡村振兴战略规划，促进乡村产业兴旺发达，那么乡村旅游的多个产业相互融合是有效地促进手段。在乡村振兴战略引导下，以及农旅积极互动条件下，纵向深入拓展乡村的每个产业形态的旅游功能，做好旅游业与其他产业形态的积极互动，深入融合，为乡村振兴的实现打好基础。

（1）旅游+农业产品开发

乡村旅游是在农业基础上发展起来的，主题是将旅游和农业结合起来发展，共同促进。在"一村一品、突出特色"指导原则下，把生态环境、自然风景和农业资源统筹起来，从整个村子里选择一些比较典型的景点，打造特色旅游项目，经过开发设计，推进旅游事业的进展。重点强调"休闲、度假"两大主题，建立农业生态和海洋休闲两条旅游线路。把农业和旅游结合起来，同时把农业和电子商务联系起来，帮助农民脱贫致富。依靠海洋资源，秉承"耕海牧渔"理念，在滨海产业的带动下，创造农旅一体的休闲度假区。

（2）旅游+文化产品开发

旅游离不开文化的支撑，乡村旅游除了自然资源独具优势之外，博物馆以及科普基地的兴建，可以使人们在旅游的过程中潜移默化地吸收到文化知识。与此同时，在周边开展农家乐活动，围绕外来游客以及本土游客开展度假项目。通过对当地有代表的历史人物和传奇历史故事讲解，开展具有古村特色的休闲娱乐项目，特别是古文化以及民俗民风方面的展示。

5. 着力聚焦特色资源，实现差异互补发展

在乡村振兴战略的影响下，乡村旅游获得了快速的发展，其中乡村旅游资源开发从本质上来说，是把富有地方特色的资源转化为产品，实现价值提升。然纵观当前国内乡村旅游资源开发以粗放性、单调性为主，导致乡村旅游产品高度雷同。加强资源特色开发，凸显区域特色，实现资源互补开发和差异发展是需要重点关注的问题。

乡村旅游项目的制胜关键在于"取巧"，也就是精心设计，营造独一无二场景。白银时代是设计为王的时代，而不是资本为王的时代。轻资产、重情景的项目就会产生很好的人气和现金流回报。如何将建筑设计、景观设计、商业设计、美陈设计、艺术设计和商品设计等多个设计门类聚焦在一个产品上，进行研发和创新，这些都是决胜市场的根本。

6. 合理运用科技手段，架构多元开发格局

在互联网普及的今天，网络已成为人们获取信息的重要渠道，乡村旅游资源开发时要重视运用科技手段。一方面，加强科技运用，可提高乡村旅游产品的质

量，增加消费者深度体验感，提高产品的性价比和市场认可度。另一方面，可提高信息对外传播的辐射能力，及时传播乡村旅游资源的信息，增加对外营销的输出能力，提高人们获取信息的渠道和产品市场认知度。

第三节　乡村振兴视域下乡村旅游设施的保障与建设

一、乡村旅游设施的概述

（一）乡村旅游设施的内涵

什么是乡村旅游设施？乡村旅游设施就是帮助游客进行乡村旅游的辅助物。具体包含如下几层含义。

1. 乡村旅游设施是辅助物

旅游景区由两大部分组成，一是旅游景观，一是旅游设施。如黄山，这个位于安徽省南部的名山，其奇松、怪石、云海、温泉，其玉屏楼、迎客松、光明顶看飞来石、猴子观海、梦笔生花、天都峰、莲花峰、始信峰和西海排云亭等就是旅游景观；其石梯、座椅、亭子、停车场、小卖部和餐馆等则是旅游设施。

在这两大部分中，旅游景观是吸引物，是主要的；旅游设施是辅助物，是次要的。因为游客到旅游景区旅游的目的是欣赏景观，消费审美产品。对黄山来说，就是欣赏其奇松、怪石、云海、温泉等旅游景观。尽管这样，作为辅助物的旅游设施也是必不可少的。同样对黄山来说，没有石梯，登山难于进行；没有座椅，休息没有地方；没有亭子，乘凉缺少处所；没有停车场，车辆没处停放；没有小卖部，购物成为空话；没有餐馆，就餐成为问题。

乡村旅游也是一样，不同的是，一般的旅游景观变成乡村旅游景观，一般的旅游设施变成乡村旅游设施。乡村旅游景观指的是美观的产品、健美的植株和美化的田园等，是长字苹果、盆景苹果和苹果观光园等。乡村旅游设施指的往往也是石梯、座椅、亭子、停车场、小卖部和餐馆等，但往往充满农趣，如餐馆通常盖的是农家宅，吃的是农家饭。当然，乡村旅游设施通常也包括一些其他旅游设施所不具有的设施，如用来采摘水果的竹竿等。

2. 乡村旅游设施是帮助游客乡村旅游的辅助物

但凡乡村旅游区都修建有道路，并且大多修建成休闲小径，硬底、清洁、弯曲、情趣。无疑，这些道路，这些休闲小径，在上面行走会给人休闲、有趣的感觉。然而，这些道路，这些休闲小径，也无一不是通达某一景区、景点的必经之路。游客通过它们就能到达所希望到达的景区、景点，抑或水果采摘区，抑或盆景苹果景点，抑或其他景区、景点，进行采摘，进行欣赏，进行游玩。一句话，这些道路，这些休闲小径，就是辅助物。

乡村旅游需要辅助物，需要乡村旅游设施，因此，作为乡村旅游的吃、住、行、游、购、娱自然也需要辅助物，需要乡村旅游设施。

（二）乡村旅游设施的类型

1. "吃"的设施

"吃"的设施，指的是帮助游客进行"吃"这一旅游活动的乡村旅游设施。"吃"在乡村旅游中可以分为以下四类：一是为了满足饥饱感而进行的"实质性"的"吃"。二是为止口渴而食用的"吃"。三是为了体验口感而食用的"吃"。四是为了享受农村生活而进行的"吃"。

"吃"如果是为了满足胃部需要，与一日三餐的吃的含义就十分相似了，包括主食、蔬菜、肉类和汤都是这个时候的选择，有些人会选择更为豪华的食材，比如山珍海味。寻求解渴时所食用的"吃"和夏天解渴时的"吃"在其内容和形式上并无区别，它们都是以开水、矿泉水或是饮料等形式来达到解渴的目的。在品尝美食方面，无论是为了满足口腹之欲还是日常品尝，"吃"的内容和形式都没有太大差异，仅仅是体验甜、酸、苦、辣等味觉感受，像巧克力和曲奇就是其中的佳品。当我们为了体验农耕乐趣而品尝美食时，则是一种独特的"用餐"方式。虽然同样可以达到饱腹、解渴和品尝的效果，但这时的"吃"与日常三餐、夏季解渴或旅游用餐等不同，它在内容和形式上都呈现出独特性。通常那些会让人饱腹的包括竹筒饭和三杯鸡。如果要解渴，人们喜欢喝椰子水，但是他们更倾向于喝新鲜的椰子水，也就是摘下来没多久、原汁原味的椰子水，而不是加工后装在瓶子里的椰子汁。通常人们会尝尝苹果，不过这个时候不是去市场买来的，而是到苹果园亲自采摘的。

因此，"吃"的设施包括为饱腹而吃的"吃"设施，如碗、筷、盆；包括为解渴而吃的"吃"设施，如口盅、杯子；包括为品尝而吃的"吃"设施，如油、盐、酱、醋；更包括为农趣而吃的"吃"设施，如竹筒、叶子、柴草、刀、竹竿、篮子。

2. "住"的设施

"住"的设施，指的则是帮助游客进行"住"这一旅游活动的乡村旅游设施。人们居住的目的不外乎在居室中，过上一种不同于自然中的生活。在居室中，空间宽阔，温度适宜，阳光充足，设施配套，生活舒适。特别是对于劳累了一天的人们来说，无不有一种温馨的感觉。在居室中，睡觉是一个主要生活内容，消除疲劳，恢复体力，休养生息。

人们到乡村旅游区居住的目的则应包含以上在内，但是往往不限于以上，还包括：一是由于时间关系而不得已在乡村旅游区居住；二是为了体验乡村旅游区居住这一生活方式，这种既不同于自然，也不同于家庭，还不同于宾馆，不同于其他旅游区的生活方式，也就是富有农趣的居住。

"住"离不开宅、房、床，再就是被单、枕头、鞋子、浴池、毛巾、牙刷、肥皂、毛梳、桌子和椅子等。在家里住是，在旅馆里住是，在乡村旅游区住也是。

在乡村旅游区居住却往往不仅仅是这样，而且还必须融入农趣的成分，以进行乡村旅游之"住"。在乡村旅游中进行的"住"融入了农趣的成分，宅、房、床融入其中，被单、枕头、鞋子、浴池、毛巾、牙刷、肥皂、毛梳、桌子、椅子等也融入其中。如，宅是农家宅，是元阳哈尼族人的蘑菇房，就是在"住"的要素中，在宅的要素中融入了农趣的成分。

3. "行"的设施

所谓"行"的设施，就是帮助游客进行"行"这一旅游活动的乡村旅游设施。"行"是身体的位移，是身体由此地到彼地的位移；对旅游者来说，则是身体由出发地到目的地的位移。

可作为旅游的"行"的设施也有许多，但主要的有地图、陆路、水路、航线、汽车、火车、飞机、轮船等。当然，这里的地图等是游客从居住地或出发地到旅游目的地的指南，陆路、水路、航线等是游客从居住地到旅游目的地的道路，汽车、火车、飞机、轮船等则应是游客从居住地或出发地到旅游目的地的交通工具。一句话，旅游的"行"设施主要由指南、道路和交通工具三大部分组成。

作为也是旅游的乡村旅游来说，其"行"的设施与一般的旅游相同，形式是，内容也是。不过，既然是乡村旅游，就应该体现乡村旅游的情趣，当然，绝不是牵强附会，而应是恰如其分。具体可以在乡村旅游的地图上印上与乡村旅游相关的图案，如田园风光，在汽车、火车、飞机、轮船等设施上播放与乡村旅游相关的音乐和视频。这样，农趣就会被营造出来，乡村旅游"行"的设施就会体现出来。

4."游"的设施

所谓"游"的设施，则是帮助游客进行"游"这一旅游活动的乡村旅游设施。"行"是身体的位移，是身体由此地到彼地的位移；"游"也是身体的位移，也是身体由此地到彼地的位移。或者就这一点来说，"游"和"行"并没有本质的区别。

"游"就是"游"，而不是"行"。显然，"游"与"行"的最大区别，就是"游"往往包含着"玩"，即是一种用"行"来"玩"的方式。都是在道路上行走，"行"是纯粹的身体位移，强调的是速度和时间，即以尽可能快的速度和尽可能短的时间，实现身体由此地到彼地的位移；"游"虽也是身体的位移，但讲究体验和情趣，脚下踩的路面，头上顶的空间，身体经过的路旁，双手摸的物体，眼睛看的东西，耳朵听的声音，都会成为体验的对象，情趣的源泉，"玩"的内容，至于速度和时间则往往不予考虑。不但如此，往往为了进一步体验和追求情趣，身体甚至会来回移动。

乡村旅游的"游"的设施与"行"的设施既相同又不同。即使是相同的方面，与"行"的设施相比，"游"的设施更突出"玩"的元素和情趣。都是地图，"行"的是交通图，"游"的是导游图；都是道路，"行"的是公路、铁路、航道、航线，"游"的是乡村道路、田园道路、休闲小路；都是交通工具，"行"的是汽车、火车、飞机、轮船，"游"的是观光车、牛车、竹排、人力车、轿。至于不同的方面，就是"游"的设施还有帮助游客观看和欣赏的设施，如望远镜和助听器等。

这些设施可以突出"玩"的元素和情趣。导游图，游客游玩的指南，不但印刷别致，图文并茂，线路清晰，而且标有景区、景点、景物；乡村道路，曲径通幽，植被典型，树木遮荫，鸟语花香；观光车，体小灵活，视野开阔，行驶自如，来去方便；望远镜，延长视力，可及远景，可视远物；如此等等。

5."购"的设施

在乡村旅游活动中，帮助游客进行"购"这一旅游活动的乡村旅游设施，就是"购"的设施。在乡村旅游中，"购"是活动内容之一。购买的对象自然只能是在乡村旅游区中，用来交易的东西。无疑，在这些东西中，也有用来饱腹的饭菜，用来解渴的饮料，用来装饰的珠宝，等等。但是，更多的、更主要的却是农产品和作物植株。农产品主要有原生的和工艺的两种。所谓原生的农产品，指的是农作物生长发育形成的农产品，如普通的荔枝、龙眼、苹果等。当然，也包括新培育品种生长发育形成的农产品，如多彩玉米、多彩辣椒、圣女果等。所谓工艺的农产品，指的是原生农产品通过工艺加工形成的农产品，如长字苹果、奥运西瓜、工艺黄豆等。作物植株主要有盆景作物和插植作物。所谓盆景作物，指的是用花盆栽植并形成艺术造型的作物，如盆景荔枝、盆景龙眼、盆景苹果。所谓插植作物，指的是将作物植株插植在盛有营养液的花瓶中，形成类似插花艺术一般的作物。目前，这一技艺还未研究开发，但迟早会研究出来，开发、形成一门艺术，形成一种产品。

因此，乡村旅游"购"的设施，就是帮助游客购买上述产品的辅助物，准确地说，就是主要帮助游客购买上述农产品和作物植株的辅助物。显然，袋子、篮子、箱子、绳子等具备这一功能。袋子、篮子、箱子等可以用来装载农产品或作物植株，绳子等可以用来加固袋子、篮子、箱子等。在乡村旅游区，采摘还是特有的购买形式。采摘，可以用手采摘，也可以用竹竿采摘，即竹竿之类的东西也是乡村旅游"购"的设施。

6."娱"的设施

在乡村旅游活动中，帮助游客进行"娱"这一旅游活动的乡村旅游设施，则是"娱"的设施。旅游中一切娱乐的设施都可以在乡村旅游区建设和出现，然而，对乡村旅游来说，则应该建设与"农"有关的设施。否则，就无所谓乡村旅游区，也无所谓乡村旅游，或者至少可以说，在"娱"的方面是这样。

那么，什么是与"农"有关的娱乐设施？与"农"有关的娱乐设施应该是民俗文化设施。因为民俗文化是农耕文化催生出来的，是农耕文化在生活、生产和习俗方面的延伸和表现。什么是民俗文化设施？根据以上对乡村旅游设施的定义，可对民俗文化设施定义如下：帮助游客进行民俗文化活动，获取娱乐的辅助物。棋是典型的娱乐设施之一。不过，作为乡村旅游的"棋"就不应该是围棋、中国象棋，更不应该是国际象棋、军棋、五子棋等，而应该是民间棋，是绕棋、弹棋、陷阱棋。因为这些民间棋是民俗文化设施，是可以在帮助游客进行民俗文化活动中获取娱乐的辅助物。

当然，乡村旅游中，在乡村旅游区，作为乡村旅游设施的绕棋、弹棋、陷阱棋，不应该是原汁原味的民间棋，而应该是文明的、现代的、旅游的民间棋。即绕棋的棋盘不是画在地面的四横四竖凑成的正方形，再用弧线连接四个角的棋盘，棋子也不是随意捡拾的石子；而是用塑料板或木板制成的棋盘，是用塑料或木块制成的棋子。弹棋、陷阱棋也是这样。

（三）乡村旅游设施的特征

设施是一种客体，普遍存在着，存在于几乎所有事物中；设施又是一种各具特征的客体，存在于相应的事物中。乡村旅游设施既是一种客体，又是一种具有本身固有特征的客体。

1. 功能性

所谓功能性，指的是乡村旅游设施具有帮助游客进行旅游活动的基本功能的特征。不同设施具有不同的功能。乡村旅游设施具有的功能就与其他设施不同，其功能就是帮助游客进行乡村旅游活动。

乡村旅游包含"吃、住、行、游、购、娱"六要素，因此乡村旅游设施应该具有帮助游客进行"吃、住、行、游、购、娱"的功能。竹筒等设施具有帮助游客进行"吃"的功能，蘑菇房等设施具有帮助游客进行"住"的功能，道路等设施具有帮助游客进行"行"的功能，牛车等设施具有帮助游客进行"游"的功能，竹竿等设施具有帮助游客进行"购"的功能，绕棋等设施具有帮助游客进行"娱"的功能。可以说，这些设施功能的具备，使其成为乡村旅游设施。

2. 农趣性

所谓农趣性，指的是乡村旅游设施在帮助游客进行旅游活动的过程中，能够给游客带来乡村情趣的特征。乡村旅游设施的农趣性是乡村旅游设施区别于其他旅游设施的根本特征。上面提到的围棋、中国象棋、国际象棋都是娱乐设施，都可以成为旅游中的娱乐设施。尽管这样，它们都只能成为一般旅游中的娱乐设施。

乡村旅游设施之所以要具有农趣性，那是由于这是乡村旅游的客观要求，也是乡村旅游设施的客观要求，因为只有这样，才能实现乡村旅游的"吃、住、行、游、购、娱"。那么，乡村旅游设施的农趣性是怎样形成的？作者认为，乡村旅游设施的农趣性主要源于这些设施的原生性，即这些设施是在漫长的历史中，在当地的地理环境、气候条件、生活习惯和经济水平等因素的作用下，在广阔的乡村逐渐形成的。上面提到的绕棋、弹棋、陷阱棋等民间棋就是广大人民在生活中创造出来的。这些棋随时随地都可进行，即使在田间地头也可进行，随便找一个阴凉的地方，在地面划上几条线，拣几粒石子，就可进行，既简单、方便，又能体现智慧，还能获得乐趣，的确适合民间，适合乡村，适合经常到地里劳动的农民。农民下绕棋、弹棋、陷阱棋等民间棋体现乐趣，游客下绕棋、弹棋、陷阱棋就体现农趣了。

然而，乡村旅游中，在乡村旅游区，乡村旅游设施却不应该是纯粹的、完全的原生，而应该是文明化、现代化、旅游化的原生；或者可以说，内容是原生的，形式是文明的、现代的、旅游的。

3. 文化性

所谓文化性，就是乡村旅游设施往往具有文化的韵味，并在帮助游客进行旅游活动的过程中，能够给游客以文化品读、熏陶的特征。旅游是休闲，是闲情逸致，是文化活动，因此必须有文化，有文化可品读，有文化可熏陶，必须有设施帮助游客在旅游活动中进行文化品读、文化熏陶。或者可以说，旅游无不要求旅游设施具有文化性。

当然，文化应主要存在和表现于文化设施中。一般的旅游是这样，乡村旅游也是这样。因为旅游本身就是一种文化活动，而文化活动既需通过文化设施来进行，也需通过其他设施来进行。围棋是设施，是文化设施，绕棋也是设施，也是文化设施，自然可帮助游客进行文化活动。

作为乡村旅游设施，其文化性的存在和表现应在两方面，或者可以说，通过如下两方面来实现乡村旅游设施的文化性。一方面，利于乡村旅游的文化设施。上面提到的民间棋，是一种设施，也是一种充满农趣的设施，还是一种纯粹的、完全意义的文化设施。对这类设施主要在于利用其为游客进行文化活动服务。而利用的关键则在于使其适应游客的文化活动要求。另外，建设富有文化韵味的乡村旅游设施。上面提到的道路，是一种设施，但不一定是文化设施。对这类设施主要在于将其建设成富有文化韵味的设施。而建设的关键则在于将文化元素有机地融入乡村旅游设施之中。对乡村旅游来说，就是将文化元素有机地融入乡村旅游设施之中。这样既使设施具有文化性，又使设施具有农趣性，更使乡村旅游区成为更具农味的景区，还能够使游客进行更具农味的乡村旅游。

二、乡村振兴视域下乡村旅游设施的保障

自党的十九大以来，我国提出了乡村振兴战略，其核心目标是实现乡村产业兴旺、生态宜居、乡风文明、治理有效、居民生活富裕等方面的全面发展。经过30多年的实践，我们发现，乡村旅游具有融合度高、带动能力强、覆盖范围广、参与门槛低等特点，因此在缩小城乡差距、优化乡村产业结构、解决农村就业、促进乡村文化交流和提升乡村风貌等方面发挥着重要的作用。经过实践验证，乡村旅游与新时代乡村振兴战略的目标高度契合，推动了乡村发展产业兴旺、生态宜居、乡风文明、治理有效、生活富裕等方面的顺利实现。经过大量实践和研究表明，乡村旅游是一个典型的产业业态，能够促进不同产业的融合发展。乡村旅游的兴起，将带动各类经济要素进入农村，使农村经济结构多元化，空间也能实现多功能化。这完美符合乡村振兴战略中提出的产业兴旺要求。乡村旅游的兴盛推动了乡村地区资源的开发和保护，促进了当地基础设施建设的提升，恰好契合了乡村振兴战略的生态宜居要求。举办乡村旅游活动，吸引城市游客前来，利于拓宽当地居民的眼界，提高村民的自我修养和文明素质，传承乡村文化，同时彰显了塑造优秀乡风文明的必要性。通过参与旅游，村民加强了集体认同感和共同

价值观，进而推动乡土社会不断更新和提升自我管理能力，从而为乡村地区的可持续发展提供强有力的推动力，符合有效治理的要求。乡村旅游产业的经济效应可以帮助乡村居民实现脱贫致富和增加就业机会，帮助乡村实现生活富裕。

除此之外，乡村旅游也是一种针对传统文化的有效方式，能够传承、恢复和复兴中华传统文化，并实现乡村文化的振兴。在我国推进新型城镇化和现代化的进程中，我们面临着乡村经济的萎靡不振、文化的衰退和传统价值的丧失等问题。乡村旅游作为现代化进程中的一个独特力量，可以帮助客源地与目的地之间实现长期的经济循环。旅游循环可以促进旅游开发地挖掘本地经验，不断更新乡村文化，塑造适应现代社会的文化，同时在乡村旅游中，特别强调的民俗主义现象，也是乡村文化复兴的契机和途径。乡村是乡村旅游的发源地和旅游行为的生存空间，为乡村旅游全程提供承载的功能。乡村振兴为乡村旅游健康发展，创造了良好的自然生态条件和经济保障。这对于实现乡村旅游的提质增效和转型发展，以及改变传统的粗放型发展模式至关重要。因而，乡村振兴和乡村旅游的发展方向需要相互协调和一致，两者相互促进，实现共同发展。

乡村旅游的基础设施与游客需求紧密相关。缺乏必要的安全、供水、卫生和通讯等基础设施会导致乡村旅游景点的游客重游率降低，入住率下降，旅游收入减少。在各个乡村旅游景点，会看到许多不同的设施，它们为游客展现了乡村旅游的风貌和细节特点，也是展现乡土特色的重要方面。将乡村旅游设施与当地的乡土特色融合在一起，可以有助于展现乡村旅游的独特风貌。资金作为乡村旅游设施的重要基础保障不可忽略，只有靠资金的投入，旅游设施才可以得到更好地维护和保养，从而将其自身的作用更好地发挥出来，吸引更多的游客。除此之外，也应该积极完善乡村旅游信息技术保障体系，构建一个高效的旅游电子商务平台，完善电子支付系统，为推动乡村振兴视域下的乡村旅游持续发展增添新生动力。

三、乡村振兴视域下乡村旅游设施的建设

我们要知道，乡村基础设施的建设十分重要，是新农村建设的中心任务之一，缺乏完善的基础设施会阻碍乡村的复兴。虽然大部分乡村已经完成了一定的设施

改善任务，可以满足居民的基本生产和生活需要，但是，为了推动乡村旅游业的发展，需要进一步提升和完善乡村的设施。从乡村振兴的角度来看，可将乡村设施分为基础设施和旅游服务设施两大类。

基础设施是指在农村日常生活和生产中所需的设施，主要包括公共服务、道路交通、供水排水、电信、供暖、环卫等方面的设施。

可以依据乡村规划指南中对不同村庄基础设施建设的要求，结合目前各地乡村的实际情况，加强相关的设施建设，以便更好地为当地居民提供方便，同时，也为未来的旅游业发展打好基础。根据导则中的规定，对于中心村和一般村的设施标准，我们应该采取以下建设策略：（1）对于中心村的基础设施建设，应当坚持平衡区域发展的原则，选择配备功能较为完善且规模较大的设施，以便更好地为中心村及周边村庄提供服务，形成中心村的辐射效应。（2）一般的乡村，主要建设一些生存和紧缺所需的设施，如社区服务站、文化设施、健身场所、生产资料商店以及电商配送点等，以满足当地居民的基本需求。

在满足基本生活需求的前提下，对乡村基础设施进行美化改造，使其具有更加优美的景观效果。以乡村道路为例，我们可以采取道路绿化、慢行系统以及乡村旅游资源结合的方式，来打造一个更加美丽独特的景观道路。此外，还可以增设特色景石、花镜、主题雕塑等元素，为道路增添更多的特色和魅力，让更多的游客前来欣赏。乡村中的水电及供暖设施可巧妙地安置在绿化植物、景观墙等地方，并使其设施不会破坏整体的景观布局。需要时，可对设备进行美化处理，使其与乡村景观融为一体，达到"景村融合"的效果。

在乡村振兴的大背景下，乡村旅游设施可以被视作在旅游领域中为乡村公共服务设施的拓展。这些设施通常以游客为主要服务对象，同时也兼备为当地居民提供娱乐、商业、餐饮、休闲等多方面功能。乡村旅游的服务设施主要包括旅馆、食堂餐馆、指示牌、游览、休闲、娱乐等相关设施。

第四节 乡村振兴视域下乡村旅游形象的设计

一、乡村旅游形象的概述

(一)乡村旅游形象的内涵

乡村旅游形象是一个含义极为广泛的概念,是对乡村旅游地综合的、抽象的认识,是吸引游客的关键因素之一。

乡村旅游形象属于旅游形象的一种。它是旅游者对乡村旅游目的地总体、概括的认识和评价,包括其乡村旅游活动、乡村旅游产品及服务等在其心目中形象的总体印象。事实上,乡村旅游目的地形象很难用单一的定义来表述,乡村旅游形象的用法也是多种多样的。本书主要考虑该形象在目的地的营销过程中的作用,从供给和需求两个层面理解这一概念。

随着现代信息技术的不断发展,互联网逐步地将全部媒体纳入其中并延伸出种种终端,这些终端并不是独立存在的,而是具有十分强烈的互动性,从而形成了当今的"互动网络"时代。在网络时代背景下,旅游形象的塑造和传播与传统的旅游已经截然不同,它具有鲜明的互联网特征。总的来说,互联网就像一枚无形的大透镜,旅游形象通过这枚大透镜呈现在大众眼中,其中不仅仅是有形的景观,如自然景观、人文景观等,更有口碑、服务等无形的评价,对此乡村旅游绝对不能忽视,而是要将乡村旅游之美与时代特征结合起来,充分利用互联网的互动性来加强营销。事实上,在互联网时代,一切营销手段都可以通过互联网进行。例如,传统的广告营销可以放在一些人流量较大的网站或者专门为旅游提供服务的网站上;再比如,人员推销完全可以通过QQ、微信等新媒体来进行。对于乡村旅游企业而言,这种营销不仅便利,而且能够有效地降低成本。此外,值得注意的是,互联网的一个主要特点就是即时性,对于乡村旅游而言,这种即时性能够迅速地将乡村最为美好的一面展现在大众面前,从而激发大众的旅游热情,如在收获季节通过分享一些游客在田间收获的场景来吸引他人等。

形象不佳,哪怕旅游营销手段再好也是无法吸引大众的,更不会加深大众对乡村旅游的认同感。因此，乡村旅游必须要形象，注重体验与分享。消费者旅游的过程，大致可以划分为三个阶段：第一个阶段是旅游前的学习与决策，即对旅游目标进行分析，最后确定旅游地区；第二个阶段是消费中的体验与品鉴，即在旅游中所享受到的一切旅游服务；第三个阶段是旅游后的评价与分享，即对旅游活动进行一定的评价，将好的旅游活动与大众分享，这可以说也是互联网的一大特色。而对于乡村旅游而言，核心就在于第二个阶段，即做好游客的体验与品鉴，做好这一环节的工作，就意味着游客对旅游地满意度较高，有利于游客的评价结果和分享，从而不断地扩展乡村旅游的影响范围。当然，重视游客在旅游中的体验并不意味着忽视游客的评价与分享。一般来说，乡村旅游企业需要建立专门的部门来负责这一方面的工作，主要的工作内容就是通过自己的亲身体验来组织和引导网友进行讨论，收集网友的精彩帖子加以编辑和转发，以良好的图案文字来打开网友的心扉，从而使得网友自发地转发，成为乡村旅游的宣传员。同时，对于一些积极消费者，乡村旅游企业也应当保持长期的联络，一方面从中获取发展意见，另一方面通过一定的奖励来调动他们的积极性，鼓励他们不断地在网络上宣传乡村旅游。

（二）乡村旅游形象的构成要素

乡村旅游形象是一个多要素、多层次的系统，包含乡村物质、乡村行为、乡村影响三部分。

乡村物质，包括乡村资源条件、基础设施和乡村建筑等；乡村行为，包括旅游规范制度、公共政策、村民及服务人员行为表征；乡村影响，包括知名度、美誉度和认可度。

乡村旅游形象是旅游者在旅游过程中对乡村三个层次的总体印象，乡村文化是贯穿三个层次的主轴和线索。

（三）乡村旅游形象的识别系统

乡村旅游形象识别系统源自企业形象识别系统（Corporate Identity System，CIS），并受地区形象识别系统（District Identity System，DIS）的影响。通常的企业形象识别系统由理念识别系统（Mind Identity System，MIS）、行为识别系统（Behavior Identity System，BIS）和视觉识别系统（Visual Identity System，VIS）三部分组成，如图 4-4-1 所示。

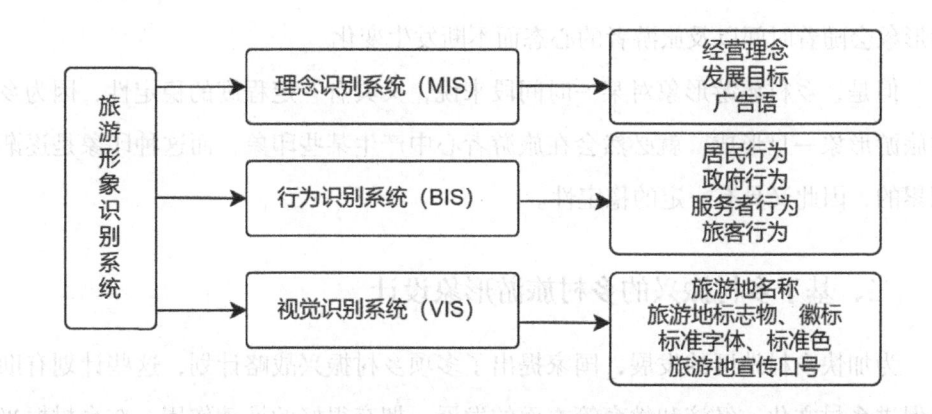

图 4-4-1 乡村旅游形象识别系统

有人形象地把理念识别比喻为形象识别的灵魂或心脏，行为识别是一双手，视觉识别是一张脸。理念识别属于战略的策略层，对乡村旅游业的发展具有宏观的战略指导性，包括形象定位、发展战略、市场战略、经营理念等；行为识别属于战略的执行层，规范乡村旅游活动的内部管理制度系统和外部社会活动系统的运作；视觉识别属于战略的展开层，它通过标志、宣传口号、乡村建筑外观等具体化的视觉系统符号，塑造出鲜明、生动、有强烈冲击的乡村旅游形象。

（四）乡村旅游形象的典型特征

1. 综合性

从内容看，乡村旅游形象有着丰富的内涵，是多种因素相互制约、相互影响的结果，是一个相互作用的综合体，具有无形性与有形性，其主要表现为心理感受的多面性与内容的多层次性。

从时间层面看，乡村旅游形象形成过程可划分为三个阶段的形象，即原生形象、次生形象和复合形象。从感知要素层面看，是旅游者对乡村旅游目的地的旅游资源、旅游产品、乡村环境、乡村社会经济、乡村风貌等诸多要素的综合感知。

由于旅游者的个性差异导致对乡村旅游形象的心理感受呈现出差异性和多面性。

2. 变化性

乡村旅游形象是乡村旅游目的地在游客心目中的一种感性与理性的综合感知，它不仅具有客观性，还具有主观性，并不是固定不变的。也就是说，乡村旅游形象会随着时间以及旅游者的心态而不断发生变化。

但是，乡村旅游形象对某一时间段来说，又具有一定程度的稳定性，因为乡村旅游形象一旦形成，就必然会在旅游者心中产生某些印象，而这种印象是逐渐积累的，因此又具有一定的稳定性。

二、基于乡村振兴的乡村旅游形象设计

为加快乡村地区的发展，国家提出了多项乡村振兴战略计划，这些计划有助于促进乡村文化、经济和教育等方面的发展，拥有很好的推动作用。在乡村振兴的大背景下，这些政策和规划可以为乡村地区的优势产业提供更好的发展机遇。例如，对于那些水资源丰富的地区，可以积极发展渔业，以提高居民的经济收入水平。此外，我国的人口由多个民族构成，每个民族都有独特的习俗、文化和自然资源。对于那些拥有良好自然景观的民族地区，可以采用乡村振兴战略规划来促进旅游业发展，让当地的旅游形象设计达成较高的质量，以便促进当地的经济发展。

乡村振兴战略规划的提出对于解决农村问题、促进农业发展和改善农民生活方面有非常重要的影响。然而，中国不仅是农业大国，还有许多不同的民族群体，因此在推行乡村振兴战略规划时，应考虑实际情况，以利用民族地区的优势产业，促进其不断发展。现今，越来越多的人喜欢参与乡村旅游，对于那些既拥有独特文化，又有美丽风景的民族地区来说，可以利用好自己的生态旅游资源，不断挖掘和规划，形成强有力的旅游业来推动经济发展。在乡村振兴的背景下，民族地区应该注重乡村旅游形象的设计，这样可以为当地带来多重效益。经验证明，通过提高乡村旅游的形象设计水平，游客可以获得愉悦的视觉体验，进而加深对景区的印象，游客们更愿意在那里游玩和消费。长期来看，民族地区的生态旅游产

业的知名度将会日益增高,带来更多的收益。另外,乡村旅游有助于保护和传承独特的民族文化。我国保存着许多珍贵的民族文化元素,这些需要得到传承。因为乡村旅游可以使游客了解文化,所以在乡村振兴的支持下,策划乡村旅游形象设计能够激发游客对文化的浓厚兴趣。这对于各民族地区实现文化事业发展目标有着重要促进作用。

乡村旅游形象的设计至关重要,它是塑造旅游形象的关键环节。在进行形象塑造时,必须先进行乡村旅游形象调查和定位,这是形象传播的先决条件。在乡村振兴的大背景下,进行乡村旅游形象设计时,应该注重展现地方文化的独特魅力,让游客真正融入当地的文化氛围。将各种元素巧妙地融合在一起,不仅可以让游客沉浸在原生态的美丽风光中,还可以近距离感受当地的风情人文、建筑艺术等,总之,乡村旅游形象设计展现了多样的元素,给游客留下深刻印象,同时也为乡村振兴战略规划提供了有力的指导。在乡村振兴的大背景下,为了让乡村旅游形象设计能够充分发挥指导作用,需要考虑大量因素。最终,才能确保乡村经济能够更好更快地发展,并达到预期的目标。

第五节　乡村振兴视域下乡村旅游产品的开发与营销

一、乡村旅游产品的概念和内涵

(一)乡村旅游产品的概念

旅游者认为,旅游产品是一种可以满足他们物质和精神需求的体验,通过支付金钱、时间和精力来获得的旅行经历。从旅游的供应角度,旅游产品是指旅游经营者通过提供各种旅游设备、设施和环境条件,其目的为满足旅游者在旅程中的各种需求,是提供的所有服务要素的综合体。乡村旅游产品可以理解为旅游者为了实现自身物质和精神上的需求,而进行的乡村性旅行活动,其过程中需要投入一定的金钱、时间和精力。目前,人类社会已经进入到体验经济时代。在旅游业中,旅游体验表现得淋漓尽致,旅游产品作为一种高级的、享受型的、体验型的产品形式，能从各个方面来满足游客的精神和心理需求，使游客产生美好的体验与记忆。

在体验经济时代，针对旅游市场的乡村旅游产品，其被视为一种旅游体验，旅游者可通过付出货币、时间和精力的方式来获得物质和精神上的满足。从这个意义上来说，乡村旅游的产品种类可以归为休闲度假、观光旅游、生活体验、康体保健、娱乐、探险、节事参与、修学科考型、购物应用等类型旅游产品。

（二）乡村旅游产品的内涵

乡村旅游产品是旅游经营者为了满足旅游者旅游活动中的各种需要，向旅游市场提供的全部服务要素之总和，通过乡村旅游产品，旅游者可以获得物质和精神上的满足。其所涉及的含义包括以下几个方面。

1. 乡村性

乡村性是乡村旅游产品的核心内容与根本特征，乡村旅游产品正是以这种纯朴而浓郁的乡土气息来吸引游客的。乡村性主要表现在资源具有明显的乡土性和旅游活动具有浓郁的乡情性。例如，如诗如画的田园风光、古色古香的乡土民居、原始古朴的劳作形式，原始的自然环境、纯真的民俗风情和文化景观，散发出浓郁的乡土气息是原生的、天然的、原汁原味的，而不是伪造和模仿的。或与农家朋友漫步于田间小道，或与他们一起种植、采摘、载歌载舞，这些活动都蕴含着浓浓的乡情。

2. 产品的差异性

旅游体验的差异性又叫主观性、个体性。游客希望参与到食、住、行、游、购、娱的旅游活动六大要素中，来领会、体验和感受乡村生活和社会氛围。这就需要乡村旅游产品在质量、形式、特征、品牌、包装等方面有着差异性，以满足不同游客的体验需求，也反映了社会文化、人们生活的价值趋向与精神向往的发展趋势，反映了人们热衷于从事回归自然的生态旅游活动，这是乡村旅游产品所包含的时代内涵。

3. 教育冶情性

乡村纯朴的传统美德及生产生活具有天然的教育和冶情功能。乡村旅游产品能够给旅游者带来愉悦、快乐、兴奋、轻松和幸福的各种心理感受，能够启迪人心灵，陶冶情操，增加审美情趣，提高文化素养，体验人与自然的和谐。比如在与民同耕的参与性产品中，可以体验到乡民的艰辛，同时增强旅游者对人类生产劳动的体认，对现代生活的重新认知。乡村地质地貌旅游产品在科学上具有研究价值，适合开发成科学考察或探险专项旅游项目，满足旅游者求知的需要。

4. 脆弱性

乡村旅游产品的脆弱性表现在因战争、恐怖事件、自然灾害、环境污染使得旅游资源、旅游接待设施和道路交通等基础设施遭到毁坏；旅游地形象受损，旅游者数量减少，旅游收入减少，造成从业人员的流失；企业的非直接营利性工作因资金不足而停滞不前，导致旅游业陷入停滞状态。乡村旅游产品，对自然与文化环境的变化更为敏感。

5. 经济性

乡村旅游产品与一般商品一样，具有一般商品所具有的基本属性，是价值与使用价值的统一。旅游产品的价值表现在旅游产品具有生产成本，在开发旅游产品时，需要投入大量的人力物力财力。旅游产品的使用价值表现在旅游产品使用价值的多效用性，能满足旅游者物质生活和精神生活的多种需要。

二、乡村振兴视域下乡村旅游产品的开发

为了支持国家乡村振兴战略规划和中央一号文件的推行，文化和旅游部与其他16个部门合作，共同发布了《关于促进乡村旅游可持续发展的指导意见》。该指导意见鼓励丰富乡村旅游的文化内涵，提高文化品质、服务和管理水平，同时推广多样化的乡村文化旅游产品，以支持乡村文化旅游业的可持续发展。各类法规文件相继出台，为推动乡村文化旅游的可持续发展，提供了优越而宽松的政策氛围。然而，随着乡村文化旅游的发展，也暴露出了一些隐患。目前在乡村文化旅游开发过程中，存在一系列问题，例如与"三农"问题脱节、缺乏明确定位、缺少科学规划、对乡村文化关注不足等，这些问题没有受到系统理论的规范和指导，因此乡村文化旅游出现产品同质化严重、缺乏文化内涵、服务内容不符合市

场需求等问题，从而严重限制了乡村文化旅游的可持续发展。因此，开发乡村文化旅游产品是乡村文化旅游开发的中心问题，也是实现可持续发展的关键。如果能够设计出独特、创新的产品元素，同时深入挖掘当地的文化底蕴，反映出独特的文化内涵来，这将直接影响乡村文化旅游吸引和留住游客的能力。乡村文化旅游资源能否转化为经济优势，其关键取决于是否能有效利用这些资源。总之，创新开发乡村文化旅游产品已成为当前乡村文化旅游发展中的重要问题。

乡村振兴战略为乡村发展创造了机遇。在国家大力推进乡村振兴的背景下，可以充分利用当地自然产品资源，发展乡村旅游产品，开发研学旅游项目，宣传当地特产，抓住乡村振兴的机遇，同时也要善于利用已有成果，探索自己的特色乡村旅游发展体系。总体而言，在发展乡村旅游产品的过程中，需要高度融入当地乡村的特色资源，经过深度挖掘、精心规划和设计，打造乡村的品牌形象，以此提高乡村的知名度和吸引力，从而创造出别具特色的旅游产品，让更多的游客前来旅游和消费，带动当地的经济发展和振兴。

实施乡村振兴战略可以在为乡村创造了良好的发展氛围的同时，还提出了新的要求，要求乡村文化旅游产品的开发与之相适应。在开展乡村文化旅游产品开发时，应遵循因地制宜、有效参与和可持续发展的原则，并对不符合乡村振兴战略要求的内容进行改进。

随着越来越多的游客加入旅游活动，乡村旅游景区在旺季时可能会超负荷运营，同时游客可能会有意或无意地破坏旅游资源，这些因素都可能会对旅游资源造成不同程度的损害。在乡村旅游发展过程中出现的一系列负面问题使得旅游主管部门及旅游经营者认识到，保护乡村旅游产品是至关重要的。为了避免短期利益的追求，也避免过度经济发展，旅游指导思想和开发原则已被提出，以保护这些资源免受不必要的损失和损害，并指导各类旅游经营主体的开发行为。

开发乡村旅游产品时，充分发挥了不同利益方的功能和作用。政府在乡村旅游产品的不同发展阶段中，扮演了不同的角色。在启动阶段，政府是推动力量；在成长阶段，政府是规范者；在成熟阶段，政府是协调者。政府在规划控制、资源整合和监督管理方面发挥主导作用。企业是农村旅游产品开发的重要推动力，因此要让企业家坚持其精神之外，企业还应注重打造农村旅游产品品牌形象和开创新的产品开发模式，这样就可以满足游客对于乡村旅游产品的不同需求，加强游客忠诚度。

目前，乡村旅游产品的开发虽然依赖市场的需求，根据市场来调整发展方向，但已经从单一的纵向发展模式转变为更为广泛的横向模式。乡村旅游的资源充足程度因地而异，在策划乡村旅游产品时应考虑其差异，结合当地的资源优势规划旅游资源，保持差异化。同时，必须根据具体情况量身定制旅游目的地和路线，以充分利用当地资源潜力并使其最大化。在旅游景点的建设过程中，需要充分考虑乡村的生态环境，也要了解当地村民的日常生活方式，将开发和环境与生活方式相结合，并始终坚持环境友好型的开发理念。在规划旅游路线时，我们需要充分考虑乡村旅游产品的形象、质量和规模，将设计与旅游产品有机地结合起来，突显乡村旅游产品的独特之处，推出具有吸引力的旅游项目。

乡村文化旅游体系与乡村振兴战略密切相关，既可为乡村振兴提供发展基础和目标导向，又符合乡村振兴的总体要求，是促进乡村振兴的有力手段。乡村文化旅游与乡村振兴相互促进，形成了一种耦合系统。该系统通过参与主体的驱动—响应机制，并推动乡村旅游产品的开发，实现了两者的相互作用和相互影响。

乡村旅游产品的发展基础和目标定位根据乡村振兴战略有了方向。首先，乡村文化旅游产品开发需要依赖乡村作为区域基础，并且乡村振兴战略的实施目标也是要着眼于发展乡村。乡村旅游开发的基础和前提在于保护和有效治理乡村生态环境。也就是说，一个村庄的生态环境良好与否取决于乡村生态环境的保护和治理。其次，乡村旅游产品的开发具备两面性，既有利也有弊，因此需要正确引导。最后，乡村旅游的产品开发核心价值在于体现乡村文化的价值，而文化资源则是产品开发的内容支撑，而"乡风文明"则是保护和传承乡村文化的正确指导和重要保障。

乡村旅游产品的开发必须符合乡村振兴战略的整体要求。乡村旅游的核心是开发旅游产品，把文化产业和旅游产业融合起来，使资源优势变成经济优势，实现乡村振兴的"产业兴旺"。另外，在开发乡村旅游产品时，强调与自然和谐相处和基础设施的提升，这也是为了改善乡村的自然与社会生态环境，实现更加"生态宜居"的目标。旅游业具备经济发展功能，为乡村居民增加收入提供了重要的途径，符合"致富路线"的需要。乡村文化旅游市场的扩大是乡村旅游产品开发的必然结果，这有助于为居民提供更广泛的视野和提高其素质和文明水平，同时也能够传播乡村文化，从而体现"乡风文明"。

三、乡村振兴视域下乡村旅游产品的营销

在乡村振兴的背景下，乡村旅游产品有了更广阔的发展空间和更好的发展机遇，得以借着乡村振兴的东风，迎来了更加美好的前景。乡村旅游的兴起对于促进乡村经济的发展起到了非常积极的作用，同时也有助于实现乡村振兴战略的目标。发展乡村旅游活动可以加强乡镇的活力，同时年轻人通过实地考察和实践有助于更深入地了解乡村振兴战略政策，并积极为当地发展出谋划策，有力地促进乡村振兴战略的落实。

在推广我们国家乡村旅游产品中，宣传旅游景点，推广各种旅游产品让旅游者更加了解旅游的目的地。假如没有充分的宣传和推广，游客无法完全领略到我国乡村旅游所独具的山水田园风光和自然特色。广告具有很多宣传优点，比如它能够传播得很快并且覆盖范围很广，此外，广告能够利用多种方式和手段，吸引力也相当强，最重要的是，广告不需要人员和旅游者直接沟通。通过适当的宣传渠道，将我国独特的乡村旅游资源向潜在旅游者推广，引发他们的兴趣和热情，进而有助于推动我国乡村振兴事业的发展。

乡村旅游的产品发展至今，已经远不止于表面的田园风光和建筑景观等有形元素，新的发展理念和模式应将经营者的营销理念、管理经验以及服务体系等无形元素有机地结合起来，这些元素往往具有更加重要的作用。乡村旅游的无形产品往往是决定游客是否感到满意的关键。一般而言，学术界通常将营销渠道称为分销渠道。高效的营销渠道能够迅速、便捷地将生产者的商品送达终端消费者手中。因此，我们推崇使用现代化的电子渠道，通过新兴的营销方式来促进乡村旅游的发展。利用现代化技术手段来获取并掌握所需的各种信息和资讯。

为了推进乡村旅游业的发展，需要创新营销方式，提高产品吸引力。乡村旅游经营者应当积极加强与旅行社、酒店、旅游中介等相关行业的联系，在了解自

身业务内容和特点的基础上，建立电子商务平台，并对游客的消费需求进行深入研究。同时，对代理分销系统、在线消费系统、服务增值销售系统等不断完善，以确保建立起一个具有知名度的乡村旅游电子商务服务品牌，从而走上网络化经营、规模经营的道路。另外，还要进一步加强与电商和旅游中介的合作，通过强化旅游产品的主题营销来促进销售。同时，建议更加重视搜索引擎营销在旅游产品营销中的功能，加快在 SNS 营销方面的探索，建立针对乡村旅游产品的营销站点，并向目标群体定期发送相关信息和服务。通过利用社交媒体，不断提高网络营销的针对性，提高其成功率，从而让乡村旅游产品电子商务营销产生实效。

乡村旅游具有不可忽视的重要性。从其自身优势和发展潜力的角度来说，只有通过乡村旅游才能实现乡村的发展壮大，并开拓一条独特的发展道路。只有发展乡村旅游业，才能促进村集体经济的发展壮大，实现振兴乡村战略。

第六节 乡村振兴视域下乡村旅游产业的运营与发展

一、乡村振兴视域下乡村旅游产业的运营

为了保证乡村生态旅游产业的发展，必须实现每一步都有计划和策略，同时也需要注意生态旅游的经营管理，这对乡村旅游业的可持续发展至关重要。

乡村旅游产业的运营非常重要，因为它利用乡村天然的旅游资源，将其转化为商业旅游资源。通过运营，我们可以将这些天然资源变成有形的商品，并进行宣传和利用。这样一来，我们就可以让乡村获得更多的经济收益，实现经济快速增长。因而，必须致力于发展乡村旅游产业。乡村旅游产业的经营方式，符合我国的整体发展战略。

党的十七大之后，我国政府的首要的发展任务是加速职能转型，由过去的主导型向服务型转变，积极授权给市场，并将本应由市场管理的事务交还给市场，使政府仅承担监管和服务的职责。乡村旅游产业经济是随着市场需求的增长而逐渐形成的，必然受到市场的引导和控制，属于自然的经济现象，这种经济现象不

仅符合我国正在发展的社会主义市场经济，而且也体现了市场经济主导调控的精髓。在科学发展观的指导下，将乡村旅游产业纳入市场化运营的范畴，是我国乡村经济发展的一大进步，具有积极的意义。虽然乡村经济的发展并不容易，有很多的困难需要解决，但是如果知难而退，放弃乡村经济发展，必然违背我国倡导的科学发展观的原则。针对乡村经济而言，只要遵循市场发展规律、具备发展潜力，就应当尽快引入商业运营模式，走上政府宏观把控、市场引导的道路。

发展乡村旅游的产业，使其科学运营，可以促进乡村旅游的可持续发展。当前，我国农村生态旅游业存在许多问题，比如，对本土群众的生存环境产生严重破坏，破坏当地的生态平衡，很多地区内部治理混乱，缺乏系统经营模式的规范等，之所以出现这些问题，其根本原因是缺乏有效且适宜的运营模式。对于乡村旅游产业而言，选择一种适宜的经营模式是非常关键的，需要考虑到自身的实际情况。在充分考虑到自己的优势和缺陷的同时，地区发展可考虑以政府、企业或村民为主体的经营模式，这样可以让内部管理结构和商业战略清晰明确。通过产业化运营，乡村旅游的资源可以有效地推广和营销，使得消费者能够更便捷地选择并享受这些资源。同时，当地生态文化和民俗习惯等文化资源也可以被包装成附属品进行销售，从而形成一个完整的销售链和销售网络。通过运营，能够有效地缓解生态旅游区开发与经营之间的矛盾，从而让乡村旅游产业可持续地发展。

为了有效地经营乡村旅游产业，政府、企业和村民应该采取合适的策略，充分发挥自身潜力，以达到最佳的乡村生态旅游产业发展运营方式。我国政府出台了乡村振兴战略，以促进农村经济、文化的繁荣发展。在此战略的推动下，乡村旅游产业也蓬勃发展。在进行乡村生态旅游的运营和开发过程中，我们应以积极的心态去理解和解决现存的问题，以此推动乡村旅游产业更好的发展。

二、乡村振兴视域下乡村旅游产业的发展

在新的时代背景下，乡村振兴有了新的且更多的要求和内涵，其中以旅游作为驱动力来促进地方乡村经济的发展，已经成为一种不可避免的趋势。在面对新的经济形势时，建设生态旅游产业以促进乡村振兴变得越来越紧迫。实现农业农村现代化，需要通过发展当地的第三产业来实现，而以旅游业为主的第三产业则

是促进乡村振兴发展的最佳途径。推动乡村振兴、提升旅游质量有助于增加农村经济收入、提升当地居民的文化素养。为了推动乡村振兴，应当充分利用当地自然风光，宣传历史文化内涵。在进行开发时，始终要做到维持生态平衡，让自然与人类和谐共生，更好地贯彻实施可持续发展战略。

为了早日实现农业农村现代化的目标，我们应当通过乡村振兴来推进发展。然而，由于一些村领导缺乏旅游规划思维，使得乡村的振兴发展方式比较单一。乡村的致富项目往往以种植和养殖为主导产业，但这会对生态造成破坏，影响原有植物的面貌，并不符合可持续发展的战略方向。在乡村振兴的过程中，村级领导没有树立起将旅游业融合进乡村振兴战略目标规划的思想和理念，导致乡村致富项目的实施面临着小农思想的阻碍，因为这些项目需要涉及农村的每一个家庭。还有一些村干部教育水平有限，缺乏长远发展的眼光，他们过度开发当地自然资源，致使土地等生态资源遭受严重破坏，对自然生态形成不利影响。

为了发展乡村旅游业，必须对当地所有资源进行调查研究，并根据其结果分析该地的开发适宜程度，是否能够打造旅游品牌形象。同时，乡村旅游项目的负责人还需利用互联网进行相关调查，并在调查中加入对自然资源和历史文化的介绍。还可以通过向网友征集意见，学习和利用他们的经验和知识。通过开展富有成效的市场调研活动，还可以邀请积极填写问卷的群众前往目标地区实地考察参观，以提出深入且切实可行的开发建议，这一过程亦可被称为"有钱调研"。在旅游项目调研过程中，旅游开发小组需要进行资源优化的规划，评估该地区可利用的旅游资源，并预先估计实现旅游开发的可行性项目。进行资源盘点是实现优质旅游项目的先决条件。在此基础上，结合当地的地域特色、人文风情以及历史文化，对于历史古建筑进行深入研究，并赋予其文化内涵。此外，还可以将口口相传的故事编制成历史资料，作为开发旅游项目时的重要参考。这些前期的工作是确保开展高质量旅游项目的基础。另外，乡村旅游项目开发小组应进一步挖掘乡村旅游的特色，寻找未来打造的独特项目。根据周边车程30分钟的范围，将更多的地区都考虑规划进来，进行联合开发，使得该地区的旅游资源串联起来，形成一个完整的旅游网络区域，由点到面，全面覆盖。

在推进乡村振兴的过程中，我们应该致力于推广旅游项目，并且将其与当地的产业链相衔接,促进地方经济的良性循环与升级。通过科学规划乡村旅游,创造新的旅游项目和业态,基于当前的产业特点,拓展并创新特色产业模式。同时,我们需要建立旅游保障要素机制,研究当前经济形势,建立与土地生态开发相关的保障体系。要促进乡村建设和发展,必须有充足的人才支持,而要培养出这些人才,建立完善的人才培养体系是基础。在推进乡村振兴的过程中,必须管理好旅游开发的人才队伍。为此,要加强对农民队伍的培养,通过增加经济收入的方式,注重宣传和倡导良好管理概念,提升整体文化素养水平,从而推动乡村旅游管理工作朝着规范化发展的方向迈进。

在实现乡村振兴的过程中,产业创新是不可或缺的一步。在打造乡村综合体时,应充分考虑时代潮流,了解时代发展的需要,并融合城市居民的发展需求。城市居民越来越追求乡村度假体验,因为不仅可以享受休闲娱乐的时光,还能放松身心、回归自然、欣赏美景、品尝高品质食材,以及领略深厚的民俗文化底蕴。自从《舌尖上的生活》播出以来,地方特色美食受到了越来越多的关注,吸引了更多的人到当地赏味。很多父母带孩子到乡村,让他们探索大自然,了解农村生活,认识各种植物,学习农作物的种植过程,品尝新鲜的农产品,观察麦田的变化。在推动创新发展的过程中,我们需要考虑具体地区的实际情况,因为不同地方有着不同的气候季节变化情况,我们需要根据这些变化来打造适合人们生活休闲的时间状态。为了让游客更亲身地了解蔬菜的生长过程,可以为其打造一个专门的种植地,游客可以在这里栽种自己喜欢的植物。当地的旅游工作人员每天认真呵护,并记录下植物的成长历程,供游客留念。由于城市生活的压力越来越大,因此,近年来农家乐旅游项目备受欢迎。乡村旅游不再只是欣赏自然景色,梯田、果园等也成为了独特的景观。

在乡村振兴进程中,如果过度强调经济效益,形成一切向经济看齐的商业模式,只会破坏乡村自然环境,使其变得恶劣。乡村旅游的可持续发展是发展的目标和方向,同时也是新时代推行绿色生态环保的关键策略。如今,乡村旅游已成为备受追捧的产业,主要因为它能够缓解城市生活的压力。然而,若过于追求经济收益而过度开发,就可能导致乡村旅游商业化,进而使其发展受阻。因此,应坚持适度开发,以保持其独特的乡村特色。近些年,越来越多的人钟爱于乡村旅游，是因为他们可以欣赏到大自然的美景，品尝各种天然的佳肴以及摆脱城市的嘈杂喧嚣。如果乡村旅游的发展方向偏离了游客的需求，产品和服务就会失去独特性，长期发展也难以实现。对于乡村旅游项目而言，遵循传统习俗、保护自然生态、关注游客感受，是一个重要的挑战。为了让乡村旅游产业实现可持续发展，需要以乡村旅游的特色为基础，以合理降低商业氛围为手段，提升旅游体验的品质。

在当今时代，越来越多的人注重满足精神需求。乡村旅游应该抓住机遇，建立独具特色的旅游产业，在保留自然生态的基础之上，开发乡村文化的独特魅力，打造特色文化乡村旅游项目。在推进乡村振兴的过程中，我们应当坚守可持续发展的原则，优化配置乡村资源，在适当的时候，推动乡村产业的创新，充分挖掘乡村文化的内在特质，善用自然环境，打造富有魅力的乡村旅游产业链，着力传承和弘扬乡村文化、传统文化。

第五章 乡村振兴视域下乡村旅游的可持续发展

本章为乡村振兴视域下乡村旅游的可持续发展，分别从可持续发展概述、乡村振兴视域下乡村旅游经济的可持续发展和文化的可持续发展，三个方面进行阐述。

第一节 可持续发展概述

一、可持续发展的形成与发展

（一）可持续发展的形成

朴素的可持续发展思想古已有之。例如，中国古代即有"与天地相参"的思想，西方经济学家马尔萨斯、李嘉图和穆勒等也较早认识到人类消费的物质限制，即人类的经济活动范围存在着生态边界。现代可持续发展思想的产生源于工业革命后，人类生存发展所需的环境和资源遭到日益严重的破坏，人类开始用驻足全球的眼光看待环境问题，并就人类前途的问题展开了大论战。

20世纪80年代开始，联合国成立了以挪威首相布伦特兰夫人为主席的世界环境与发展委员会（WCED），以制定长期的环境对策，帮助国际社会确立更加有效地解决环境问题的途径和方法。经过三年多的深入研究和充分论证，该委员会于1987年向联合国大会提交了经过充分论证的研究报告——《我们共同的未来》。报告将注意力集中在人口、粮食、物种和遗传资源、能源、工业和人类居住等方面，在系统探讨人类面临的一系列重大经济、社会和环境问题后，正式提出了"可持续发展"的模式。

1992年6月，联合国环境与发展大会（UNCED）在巴西里约热内卢召开，共有183个国家的代表团和70个国际组织的代表出席了会议，102位国家元首或政府首脑到会讲话。此次会议上，可持续发展得到了世界最广泛和最高级别的政治承诺。会议通过了《里约环境与发展宣言》和《21世纪议程》两个纲领性文件。前者提出了实现可持续发展的27条基本原则，主要目的在于保护地球永恒的活力和整体性，建立一种全新的、公平的关于国家和公众行为的基本原则，是开展全球环境与发展领域合作的框架性文件；后者则建立了21世纪世界各国在人类活动对环境产生影响的各个方面的行动规则，为保障人类共同的未来提供了一个全球性措施的战略框架，是世界范围内可持续发展在各个方面的行动计划。此外，各国政府代表签署了《联合国气候变化框架公约》等国际文件及有关国际公约。大会为人类走可持续发展之路做了总动员，为人类的可持续发展矗立了一座重要的里程碑。

（二）可持续发展的发展

可持续发展作为内涵极为丰富的一种全新的发展观念和模式，不同的研究者有不同的理解和认识，其具体的理论和内涵仍处在不断发展的过程中，但其核心是正确处理人与人、人与自然环境之间的关系，以实现人类社会的永续发展。

"可持续发展意味着先进的发展不应该以减少地球的自然资源为代价。"[1] 长期以来，人类在享受工业文明的丰富物质成果的同时，也经历了由此而来的生态灾难和环境危机。人们对自然的无节制的索取和浪费，导致了资源的枯竭和环境的恶化。人类采取的不可持续生产方式，造成了人与自然环境的关系的不协调，以致出现了资源环境与经济发展的矛盾。解决这一矛盾的根本途径是改变人类自身的行为方式。

改变不可持续发展的生产方式，就是要解决经济发展与自然环境之间的矛盾。面对矛盾冲突的现实，既不能逃避，也不能幻想以矛盾的一方来吃掉另一方，解决矛盾冲突的现实方法是创造一种适合矛盾运动的新模式。在环境与经济、保护

---

[1] 孟习贞，田松青. 经济发展解读[M]. 扬州：广陵书社，2019.

与发展的矛盾中，不顾经济一直牺牲经济增长来进行单纯的保护并不难，反之不顾环境并以牺牲环境这样的方式解决矛盾冲突也不难，但唯一可行的是保护已增长的绿色经济形势，是有利于环境、资源的发展，是以保护为基础的发展。可持续发展思想是协作发展观，实质上是在承认并直接面对环境与经济、保护与发展的尖锐矛盾基础上的一种妥协，是权衡利弊的解决办法。可持续发展的思想要求，既要保护环境，又要经济发展，是使矛盾双方在一定区间内的权衡与妥协。

目前，在国际上认同度较高的可持续发展的概念为既满足当代人的需求，又不对后代人满足其需要的能力构成危害的发展（WCED《我们共同的未来》）。其中持续意即持续下去或保持继续提高，对资源与环境而言，则应该理解为使自然资源能够永远为人类所利用，不至于引起过度消耗而影响后代人的生活与生产。发展则是一个很广泛的概念，它不仅体现为经济的增长、国民生产总值的提高、人民生活水平的改善，还体现在文学、艺术、科学、技术的昌盛，道德水平的提高，社会秩序的和谐，国民素质的改进等方面，发展既要有量的增长，还要有质的提高。

可持续发展的概念鲜明地表达了两个观点：一是人类要发展，尤其是发展中国家要发展；二是发展要有限度，不能危及后代人的发展能力。这既是对传统发展模式的反思和否定，也是对可持续发展模式的理性设计。

可持续发展始终贯穿着人与自然的和谐、人与人的和谐，这两大主线并由此出发，去进一步探寻人类活动的理性规则、人与自然的协同进化、人类需求的自控能力、发展轨迹的时空耦合、社会约束的自律程度，以及人类活动的整体效益准则和普遍认同的道德规范等，通过平衡、自制、优化、协调，最终达到人与自然之间的协同以及人与人之间的公正。这项计划的实施是以自然为物质基础，以经济为牵引，以社会为组织力量，以技术为支撑体系，以环境为约束条件。所以，可持续发展不仅仅是单一的生态、社会或经济问题，还是三者相互影响、互相作用的结果。只是一般来说，经济学家往往强调保持和提高人类生活水平，生态学家呼吁人们重视生态系统的适应性及其功能的保持，社会学家则是将他们的注意力更多地集中于社会和文化的多样性。

实现全球的可持续发展需要各国的全面合作与坚持执行。中国作为全球最大的发展中国家和较多的石油与碳汇消费国，对可持续发展战略和碳达峰、碳中和给予了高度的重视和实践上的实施。在联合国环境与发展大会之后，中国政府坚定地履行了自己的承诺和减排计划，在各种会议、以各种形式表达了中国走可持续发展之路和碳减排的决心和信心，并将可持续发展和生态文明建设战略与科教兴国战略一并确立为中国的两大基本发展战略，从社会经济发展的综合决策，到具体实施过程都融入了可持续发展和碳减排的理念，通过法制建设、行政管理、经济措施、科学研究、环境教育、公众参与等多种途径推进可持续发展进程。

随着全球经济的不断融合，国际社会对于可持续发展和共同发展的了解逐渐加深，并且采取了更加积极的步伐去推进实现这一目标。充分利用社会主义市场经济体制的优势和先进性，加强政府在可持续发展战略制定和实施中的组织和协调作用，正确处理经济全球化和可持续发展之间的关系。同时，借助2002年联合国可持续发展世界首脑会议的成功举办，积极参与国际合作，维护国家利益，保障经济和生态环境的安全，让我国可持续发展战略得以顺利推行。

以人为本是我国可持续发展战略的指导思想，始终坚持人与自然和谐共处，将经济发展作为核心，提高人民生活质量是根本出发点，科技和体制创新是关键，全面促进经济社会、人口、资源和生态环境的协调，积极提升国家的综合实力和竞争力，为实现第三步战略目标打下坚实基础。

我国在21世纪初设定了总体目标，即不断加强可持续发展能力，显著调整经济结构，控制人口总量，改善生态环境，提高资源利用率，推动人与自然的和谐，促进社会整体走向生产发展、生活富裕、生态良好的文明发展道路。

不断调整国民经济结构，实现经济结构从高消耗、高污染、低效益转向低消耗、低污染、高效益，推动产业结构升级和优化，缓解资源环境压力，调整区域发展格局，缩小城乡差距。积极实施乡村振兴战略，着力改善欠发达地区的基础设施和生产生活条件，促进生态环境恢复，提高欠发达地区的经济、社会和文化水平，促进人口的全面发展，还要不断巩固拓展脱贫攻坚成果，争取尽快让农村居民逐渐过上富裕、幸福的生活。通过加强人口控制，全方位提升人口素质，建立完备的生育健康和社会保障机制，最终实现让每个人都享有基本社会保障的目标。要不断增加社会的就业机会，公共服务水平显著提升；全面提升防灾减灾能力，有效降低灾害带来的损失。强化职业技能训练，提升劳动者的素质水平，建设完善国家职业认证体系。我们要以合理的方式开发和资源集约利用，让资源的容纳能力逐渐增强，并建立能够持续利用资源的保障机制和重要资源库存安全体系。环境状况在全国大部分地区明显改善，获得基本遏制了生态恶化趋势的成效。此外，重点地区的生态功能和生物多样性已经基本得到恢复，同时农田污染状况也从根本上改善了。

随着社会逐渐智能化、科技信息化以及经济全球化的进一步发展，人类社会将迎来一个国力全面竞争可持续发展的新时代。只要在可持续发展的综合国力方面占据领先地位，这个国家就可以确保自身的生存和发展有更牢靠的基础和保障，并为创造更多的时空和机遇打下坚实的基础。维系可持续发展所需的综合国力，将成为争取未来国际地位的重要依据，也是为人类发展做出重要贡献的主要指标之一。基于此，我们必须明确自身的处境、优势和短板，反思、评估并改进我们已有的竞争和发展战略，同时需要制定新的战略，以实现可持续发展、综合国力快速提升的总体目标。

可持续发展战略旨在确保社会能够持续发展，使后代人能够在地球上长久生存。实现可持续发展的基本途径是让人类与环境协调共处，实现和谐共存。自然系统是维持生命的支持系统。若它的稳定性受到破坏，所有生命体（人类也在其内）将无法存活。实现可持续发展的基本前提条件是对自然资源进行可持续的利用。所以，资源的节约被视为可持续发展所必需的一个基本要素。它强调了在生产和经济活动中，需要限制对非再生资源的开采和使用，同时确保可再生资源的开发速度不超过其再生速率。要解决经济增长的问题，需要提高资源的利用效率。

二、可持续发展的理论与要素

（一）可持续发展的理论

可持续发展是一种发展方式，既能满足现代社会的需求，又不会对未来世代的需求造成危害。它们构成了一个不可分割的系统，旨在实现经济发展的同时，确保人类所依赖的大气、淡水、海洋、土地和森林等自然资源和环境得到保护。

这有利于保证后代能够持续发展和享受幸福生活。可持续发展和环境保护之间存在相互关联的关系，但两者并非完全相同。可持续发展的重要组成部分之一，就是环境保护。可持续发展的本质在于推动经济和社会的发展，但在此基础上必须严格控制人口增长，提高人口素质，并采取保护环境、实现资源永续利用等有效措施。如果我们想要实现可持续发展，那么必须先进行发展。可持续发展的实现需要人作为核心。真正的发展应该是能够延续并不断进展的可持续性发展。因为可持续发展牵涉到许多领域，包括自然环境、社会、经济、科技和政治等，所以不同的研究者在定义可持续发展时，会从不同的角度出发。总体而言，可以分为这几种：侧重自然方面的定义；侧重于社会方面的定义；侧重于经济方面的定义；侧重于科技方面的定义。综合性定义为可持续发展，这意味着我们需要在满足当前发展需求的同时，保障未来发展需求，不能以损害后代利益的方式，来迎合目前的利益。

可持续发展的定义和战略涵盖了四个主要方面：第一，促进国内和国际的平等；第二，需要存在一个有利于经济发展的国际环境。第三，加强对自然资源基础的保护和有效利用，提高资源利用效率。第四，将环境保护融入发展计划和政策中考虑。

可持续发展的第一种理论包含三方面含义：一是人类与自然界共同进化的思想；二是世代伦理思想；三是效率与共同目标的兼容。这些观点支持可持续发展的目标是恢复经济增长，改善增长质量，满足人类基本需要，确保稳定的人口水平，保护和加强资源基础，改善技术发展的方向，协调经济与生态的关系。

可持续发展的第二种理论包含生态持续、经济持续和社会持续，它们之间互相作用，不可分割。认为可持续发展的特征是鼓励经济增长；以保护自然为基础，与资源环境的承载能力相协调；以改善和提高生活水平为目的，与社会进步相适应，并认为发展是指人类财富的增长和生活水平的提高。

可持续发展的第三种理论认为可持续发展就是可持续的经济发展，是确保在无损于生态环境的条件下，实现经济的持续增长，促进经济社会全面发展，从而提高发展质量，不断增长综合国力和生态环境承载能力，来满足日益增长的物质文化需求，又是为后代人创造可持续发展的基本条件的经济发展过程。

可持续发展的第四种理论认为可持续发展经济内涵是指在保护地球自然系统基础上的经济持续发展。在开发自然资源的同时，保护自然资源的潜在能力，满足后代发展的需求。

可持续发展的第五种理论认为传统可持续发展的概念具有不确定性，而是一种无代价的经济发展。据此将可持续发展定义为："以政府为主体，建立人类经济发展与自然环境相协调的发展制度安排和政策机制，通过对当代人行为的激励与约束，降低经济发展成本，实现代内公平与代际公平的结合，实现经济发展成本的最小化。既满足当代人的需求，又不对后代人的需要构成危害，既满足一个国家的和地区的发展需求，又不会对其他国家和地区的发展构成过于严重的威胁。"

可持续发展的第六种理论认为可持续发展是经济发展的可持续性和生态可持续性的统一。认为可持续发展是寻求最佳的生态系统，以支持生态系统的完整性和人类愿望的实现，使人类的生存环境得以延续。

（二）可持续发展的要素

可持续发展的本质在于平衡满足人类需求和环境资源需要的限制两个方面。满足贫困人群的基本需求是优先考虑的关键。需要能力的破坏将会威胁到地球生命所依赖的自然系统，如大气、水体、土壤和生物，从而对环境造成潜在的危害。为了保障自然资源不被短期需要耗尽，需要对收入再分配进行关键性因素的决策。降低主要是使贫困人口遭受自然灾害和农产品价格暴跌等风险，使其有更强的应对能力；普遍提供可持续的基本条件，例如保障清洁卫生、提供教育、保证饮用水和新鲜空气等，以满足社会最脆弱人群的基本需求，为所有人提供平等的发展机会和自由选择，尤其是针对贫困人群。

三、可持续发展的理论体系和目标

（一）可持续发展的理论体系

1. 管理体系

实现可持续发展需要建立一个高效的管理机制。过去和现在的经验让我们了解到，环境和发展不协调的问题很大程度上是由于错误的决策和管理不善导致的。因此，加强决策和管理能力是可持续发展能力建设的一个重要方面。为实现可持续发展，我们需要提高管理决策者的素质，这个决策群体需要综合考虑规划、法律、行政以及经济方面的因素，从而建立和完善可持续发展的组织结构，并制定综合决策和协调管理的机制。

2. 法制体系

可持续发展的法制化措施，即立法是实现可持续发展战略的必要途径，这些法律措施的实施是确保可持续发展战略取得成功的关键保障。因而，建立法制体系以促进可持续发展能力的构建，成为一个至关重要的方面。持续发展的实现需要建立和实施法律系统，以实现自然资源的合理利用，控制生态破坏和环境污染，达到保障经济、社会和生态的可持续发展的目标。

3. 科技体系

可持续发展的主要基石之一是科学技术的不断创新。若缺乏先进的科技支撑，可持续发展的目标将难以达成。科学技术在促进可持续发展方面，拥有广泛的作用。它能够提供有效的依据和运作方式，帮助可持续发展做出决策，推进可持续发展管理水平的提高，增进人类对人与自然关系的理解，让自然资源的使用范围不断扩大，让资源利用效益和经济效益不断提高，同时为环境保护和污染控制提供有效措施。

4. 教育体系

可持续发展要求人们具备广泛的知识和深刻的认知，以了解人类活动对环境和社会的长期影响和后果。此外，为了履行对未来后代的责任，人们必须具备较高的道德水平，不追求短期和局部利益，而是自觉为人类社会的长远利益而发展。这些要求体现了可持续发展对教育体系的迫切需求。在推进可持续发展的能力建设过程中，应当积极促进符合可持续发展理念的教育事业的发展。可持续发展的教育不仅强调可持续发展的科学知识的重要性，更要培养人们具有可持续发展的道德伦理素质。因此，教育体系不仅限于学校教育，社会教育也会不知不觉地影响人的潜在知识和价值观，它同样重要。

（二）可持续发展的目标

（1）实现全球无贫困是可持续发展的主要目标之一，这需要在全球范围内消除一切形式的贫困。

（2）解决饥饿问题，确保粮食安全、改善营养水平和促进可持续农业发展。

（3）保障健康的生活方式，提升各个年龄层人群的福利水平。

（4）保证高质量的教育，同时促进全民享有终身学习机会，以确保教育的包容性和公平性。

（5）促进性别平等，赋予所有女性和女童权力。

（6）保障每个人都可以获得水资源，并且这些资源得到可持续管理，同时保障环境卫生。

（7）确保所有人都能够获得现代化、能负担、可靠和长期可持续的能源。

（8）推动经济持续、包容、可持续地增长，创造足够且有质量的就业机会，确保所有人都能获得体面的工作。

（9）建设能够抗风险的基础设施，推动包容性可持续产业化，促进创新。

（10）缩小国家内部和国家间的不平等。

（11）创建既具备包容性、安全性、抗风险能力，又能保持可持续发展的城市和人居环境。

（12）确保消费和生产模式的可持续性。

（13）采取紧急措施来应对气候变化及其威胁。

（14）促进可持续发展的方法之一是保护海洋及其资源，并确保它们被永久地利用下去。

（15）确保陆地生态系统受到保护、恢复，促进可持续利用，实行可持续的森林管理，预防和治理荒漠化，扭转土地退化趋势，阻止生物多样性的丧失。

（16）推动和平和包容性社会的可持续发展，并建立有效、负责、包容性的机构，在各层面为所有人提供诉诸司法的机会。

（17）加强执行力度，恢复可持续发展的国际合作伙伴关系。

四、我国可持续发展的原则

（一）持续发展，重视协调的原则

在推进经济发展的同时，我们还要致力于实现人与自然的协调发展，注重解决人口、资源和环境问题，确保经济、社会和生态环境的持续协调发展。

（二）科教兴国，不断创新的原则

充分利用科技作为第一生产力和教育的引领和基础作用，加快科技创新进程，积极推进各类教育事业的发展，促进可持续发展战略和科教振兴战略之间的良性互动。

（三）政府调控，市场调节的原则

政府、企业、社会组织和公众应该共同发挥积极作用，在政府强化监管和投入的同时，充分利用市场机制调动企业、社会组织和公众，参与可持续发展，同时政府也应提供良好的政策环境和公共服务。

（四）积极参与，广泛合作的原则

要积极参与并与各国广泛合作，加强与外界的联系与合作，参与世界经济一体化进程，充分利用国内外两个市场和两种资源，使可持续发展的范围更广泛。

（五）重点突破，全面推进的原则

实施分阶段计划，注重突破重点任务，全面推进工作进程。汇聚人、物、财资源，把重点集中在特定领域和区域上，进行有力突破，以加速推进可持续发展战略的全面实施。

五、乡村旅游的可持续发展

（一）乡村旅游可持续发展的条件

我国乡村旅游发展还处于初级阶段，发展时间比较短，开发过程中过分强调开发现实经济利益，而忽视了旅游开发的长远利益。许多旅游目的地在享受旅游所带来利益的同时，也面临着越来越多的问题，例如，过度商业化问题、乡民边缘化问题、旅游地城市化问题、产品同质问题、环境质量下降问题、传统文化魅力丧失问题等。所以，我们必须借鉴国际上乡村旅游发展的经验，树立可持续发展的理念，在发展的过程中少走弯路，在保证乡村旅游发展的同时，能够兼顾乡村社区的发展。实现乡村旅游的健康、和谐和可持续发展。

1.乡村性是乡村旅游可持续发展的前提条件

从供给角度来看，建设社会主义新农村，为乡村旅游的发展提供了难得的历史机遇。乡村旅游的供给动力来自农民对现代化的追求。农村与城市在基础设施、医疗卫生、文化教育、经济收入、社会保障等方面的巨大差距，使广大农民向往城市生活，具有强烈的现代化诉求。同时，乡村旅游的本质特征是"农游合一"，广大农民"亦农亦旅"，既不离土，也不离乡，可以就地将生活性资产和生产性资产转化为经营性资产，投资小、风险小、经营灵活、不误农时，具有明显的本土性，非常适合农民经营，是广大农民脱贫致富、实现现代化梦想的最佳途径之一。

乡村风光、乡村民俗、乡村生活、乡村生态等成为旅游活动的对象物，使旅游活动和产品系列更加丰富，旅游者所获得的体验更加全面。旅游者选择乡村旅游的动机主要有回归自然的需要、求知的需要、怀旧的需要与复合型需要。无论从供给角度还是需求角度，乡村性的内容都是乡村旅游的核心要素，乡村性是乡村旅游整体推销的核心和独特卖点。

乡村性是界定乡村旅游的最重要的标志。存在于乡村的资源可能并不都具有独特的乡村性特征，例如，乡村建筑在经济较发达的乡村已具有明显的城市化的特点，传统的建筑景观可能已荡然无存。但具有吸引力、能成为旅游开发资源的景观必须是具有典型"乡村性"的景观，所以，乡村旅游资源的景观构成是具有显著指向性的，而不能仅仅从存在于某种空间范围内的景观形态来确定。

从景观内容看，乡村性景观是乡村旅游的核心吸引力所在，乡村旅游资源包括乡村自然生态景观、农业劳作景观、乡村聚落景观、乡村农耕文化、民俗文化景观、乡村经济景观及乡村民居建筑景观等。从活动内容看，乡村旅游包括乡村休闲度假、乡村观光、乡村民俗节庆体验、参与农业劳动体验等活动。而在乡村地区开展的高科技农业园区观光、城市型度假村旅游、主题公园旅游等活动以及在城市开展的乡村型度假村旅游、乡村民俗园旅游、高科技农业园区观光等活动不属于乡村旅游。所以在这里，便不难理解人们能够欣赏农村刚翻过犁的耕地的景象，而厌恶城市建设施工现场的喧杂；前者，使人们心中存有自然赠予大家的阵阵麦浪，以及果实的喜悦；而后者，人自身的欲望使得原先美好的自然景象正在遭到残害，从而消逝。在人们心底积淀的乡土意象和乡土情结是乡村旅游魅力的核心支撑。

乡村旅游可持续发展的前提条件是保持乡村旅游的乡村性，但是，在乡村旅游发展的过程中，乡村性却遭到极大的戕害，比如，乡村民俗的商业化问题、乡村景观的城市化问题、乡村旅游产品低层次化问题、乡民在旅游发展中的边缘化问题等。乡村旅游乡村性的丧失意味着乡村的独特生态环境和民俗文化将不复存在，这往往导致其吸引力将衰竭，使乡村旅游的可持续发展成为空谈。所以，乡村性是要保证乡村旅游的可持续发展的前提条件。

2. 乡村旅游开发应遵循科学的文化观和经济观

近年，许多西方发达国家的游客前来我国旅游的动机，虽名目繁多，但仍可以发现其中的一个重要热点，即是仰慕中国悠久的游牧、农耕文明史以及围绕此而产生的不胜枚举的名胜古迹。他们认为最能拿得出富有吸引力的旅游产品——诗意绵绵、古朴淳厚的田园之美，以满足其返璞归真愿望的"回归自然"的旅游意向，应首推中国。

1979年，UGB（城市空间增长边界）法案在俄勒冈的波特兰通过，以保护当地的农场和森林免于城市扩张的蚕食。这个法案是1973年颁布的一系列法案的一部分，其重点是保护农业和经济活力。当然，官方更多地关注市区的扩张所带来的经济效益和环境保护成本而非自然风光和自然特性的改变。但是，乡村景色被看成是一份公共财富，尤其受到市民的喜欢。同时，出现了这样一种共识，乡村的存在事实上起到了一种保护和平衡环境的作用。一份密歇根州的关于"喜欢看到的东西"的问卷调查表明，人们喜欢看到的是农田、森林、木屋、大家庭的生活，并几乎都忽视家用设备。同时，在乡村旅游的发展中，除了经济方面的收益，我们更应该强调乡民从中获得的文化收益。多年来，由于观念信息和教育文化的障碍，广大农民过着自给自足的小农经济生活，习惯了日出而作、日落而息的生活，他们年年岁岁围绕着家里的几亩土地转，他们的思维已经形成定势，被田埂地埂牢牢地束缚着。关于发展问题他们想得少，甚至不敢想；跳出农村，看发展的人更少。因为信息落后，外界的消息他们几乎一无所知，他们不愿走出山村，不敢参与到外界轰轰烈烈的经济社会发展建设中。所以，只有实现了乡村文化的自主与和谐发展，才能实现经济的自主和健康发展，才能实现乡村旅游的可持续发展。

（二）乡村旅游可持续发展的目标

随着时代的发展，中国的乡村旅游行业蓬勃有力，发展迅速。国家旅游局还将 2006 年定为中国乡村旅游年，以推广该行业的发展。在推进乡村旅游发展方面，各地旅游和农业主管部门投入了大量的心血。旅游部门正式提出，乡村旅游已经成为服务农业、农村和农民的重要手段，也是促进城乡互动的一种重要方式。农业部门已经认识到，在一些具备条件的地区，通过开发乡村旅游和发展观光农业，可以开创一条新的农村发展之路，从而为解决"三农"问题，提供一个有益的补充方案。发展乡村旅游，必须走可持续发展之路，这是落实科学发展观的客观要求，这是建设社会主义新农村所必须采取的措施，也是保证乡村旅游健康发展的必然选择。

乡村旅游的可持续发展应当兼顾生态、经济和社会三方面的和谐共进，旅游行业应当高效低耗、无公害，避免短期发展行为，打破传统发展观念，这是乡村旅游实现可持续发展的重要前提。乡村旅游的可持续发展，要求符合两方面的时间尺度，一方面需要满足当代游客和旅游业开发的需求，另一方面则要保护资源，以确保未来后代也能够满足旅游需求。同时，为了提高旅游质量并确保乡村旅游可持续发展，我们需要在空间方面采取措施：促进旅游者和当地居民的互动，加强双方的情感交流；确保乡村旅游的长期可持续发展，并与周边区域实现和谐共处和资源共享。在农村旅游开发中，需要平衡乡村特色和旅游开发之间的关系，以及协调好保护环境和促进旅游业的矛盾。我们应该重视乡村资源、经济、文化、社会和环境的协调发展。因此，乡村旅游的可持续发展就是追求在生态、文化和经济各个方面达到平衡。

1. 生态平衡

旅游开发对旅游资源的破坏或保护都是最为至关重要的，全面考虑旅游资源本身的特色、旅游容量、旅游资源的可持续利用，有利于保持自然生态平衡的旅游活动开展模式等，都是旅游开发之初需要特别关注的问题。同时，我国乡村居民和游客生态环境意识普遍不强，当地居民为谋短期利益开山采石卖树，甚至售卖珍稀动植物；游客心里也只想着本人到此一游而已，何况生态环境的保护自然有"专人"负责。所以，乡村自然生态的可持续发展还有赖于面向乡村居民和广大游客的宣传教育，这样在旅游开发和旅游活动开展过程中都能保证自然生态的平衡，生态破坏问题就基本上能够得到控制。

2. 文化平衡

随着乡村旅游产业化的深入发展，乡村地区和外界的经济、文化交往趋向常态化，现代文明和外来文化日趋渗透到乡村地区生产与生活的方方面面，乡村传统文化遗产在全球化浪潮的冲击下面临前所未有的挑战，越来越多的乡村文化遗产在现代文明中日益衰败、濒危甚至消亡。现代工业文明正在快速侵蚀和瓦解着传统农耕时代的生产方式和文化形态，导致少数民族传统文化的生态空间日趋萎缩，生产和使用群体不断减少，民族文化生长的土壤日益贫瘠，这都使民族传统文化有效传承的文化生态环境日益恶化，导致民族传统文化的生存和传承受到严峻的挑战。例如依靠口传心授、言传身教和集体展演作为主要传承方式的侗族大歌，是农人干完一天的活后，聚在一起的交往和休闲方式，其生命力在于不可断裂的代代相传和人心所向的民间习俗，一旦失去有文化认同感的传人和唱歌互动的民风，可能在十几年时间内就会烟消云散。而现在不少侗族青年对自己的传统音乐兴趣渐消，侗族大歌已经面临严峻的挑战。

乡村传统文化还有可能产生仆从现象，传统文化个性将被削弱，文化功能将被减低。如在恭城瑶族自治县开展"农家乐"旅游的某村，有外来人员租用该村村民的房子进行非法色情活动。有的竟然还是房东专门从外地"请"来的，一方面是由于村民偿还贷款的压力，希望用额外的服务吸引游客，另一方面是由于部分游客自身素质不高。但是绝大部分村民屈从于经济利益是不争的事实，扰乱了当地原本淳朴的乡风民俗，也是非常令人惋惜又值得深思的。

乡村旅游发展使乡村传统文化正面临着文化价值被商业价值所取代和过度商品化的危险。现代商业形式包装的乡村文化产品、民俗风情娱乐化、宗教艺术舞台化等虽然能短期内刺激游客，获得巨大经济效益，但践踏了传统文化原有的真实性和文化内涵，扭曲了传统文化，使其简单化、俗套化和功利化，使民族传统文化变成了一种纯粹的商业谋利行为，不利于乡村旅游业的可持续发展。由于旅游者的素质参差不齐，他们在旅游过程中经常出于猎奇、求乐的心态，往往偏好于感性、刺激、轻松、娱乐的目的看待旅游目的地文化，这种倾向极易使民族传统文化庸俗化，主要表现为传统文化旅游项目的雷同开发、优劣不分、伪造民俗等现象。某些旅游地缺乏有甄别的产品开发，误将乡村文化的糟粕与精华一同开发，丑化、歪曲、篡改乡村传统文化，既不能展示乡村传统文化的特质，又致使乡村传统文化原有内涵和存在价值扭曲或消失，也贬低了民族传统文化在当地居民心中的地位和价值。

3. 经济平衡

乡村旅游开发符合了旅游者的精神审美观念与对文化品质的要求，具有较强的文化价值、经济价值和社会价值。乡村文化具有独特的地域和民族特色，活态的历史、文化、经济、科技等多层价值，是极具开发潜力的文化资源，应与乡村地区的景观和其他物质文化一起共同开发，给消费者提供高质量、高品位的文化大餐。乡村文化的理想开发与保护路径是让文化融入经济活动的脉络中，助推民族地区的经济发展，让经济行为反映或折射出文化的影响为文化的传承铺路。

在一些地方，村民与开发商关系恶化；在一些古村落，甚至有村民抗议旅游业的发展，阻碍了古村落旅游的正常发展。还有一些旅行社凭借客源垄断地位和市场化运作的经验，在利益分配中起到了决定性作用，并借此获得了超额垄断利润。而利益受到损害的乡村旅游地、农家旅馆等相关经营主体采取了拒团、宰客、降低服务标准、减少服务项目的措施，把损失转嫁到游客身上，乡村旅游项目的市场信誉因此受到了严重的破坏。所以，要实现乡村旅游经济的可持续发展，必须实现各利益相关者之间的均衡。因此，乡村文化的保护与开发要在尊重文化多样性，确保文化的内在价值能够延续和传承的前提下，让保护乡村文化能与市场开发相结合，寻求文化传承和商业发展需要的最佳平衡点，凸显自身的经济价值，科学设计出丰富多彩的精神文化产品，打造文化品牌，形成文化遗产的产业化经营和规模效应，让世界了解民族传统文化，让民族的价值观、思想观和人生观得到世界人民的理解和尊重，使民族精神得到延续，民族文化得到传播和认同，实现文化传承的与时俱进，使民族传统文化走向世界。

4. 兼顾公平

旅游开发应持续发挥效益，乡村旅游开发的首要目的是观念转变，以乡民参与为基础，改变主客位观念，确保乡村居民占据乡村文化保护与传承的主体地位。旅游地居民丧失了自主权，是乡村文化的旅游开发中受到戕害乃至丧失的主要原因。应在确保旅游开发当前需要的同时，我们应该平衡旅游开发的需求和保护乡村文化的纯粹性。我们要立足长远发展，确保乡村旅游资源的可持续利用，以保持乡村旅游目的地的长期吸引力。

如果乡村文化脱离了它生长的环境，它就会失去它的根基，也就无法在原生文化空间得到展示和生存的机会。乡村旅游收益的分配应该考虑建立一套符合科学且合理的制度，使得当地居民能够优先获得其应得的利益。始终将普通民众视为旅游开发的参与者和受益者，通过旅游发展让他们直接从中获益。这样，当地民众能够持续获取旅游开发的机会和成果，从而激发他们的意识和动力去传承和保护本地的乡村文化，进一步增强乡村文化的生命力和创造力，以使未来的后代也能够获得这些机会和成果。此外，加强乡村文化教育的建设，增强当地居民的文化修养，提高鉴别能力，是促进乡村文化传承和发展不可或缺的核心。因此，要想让乡村旅游健康发展，并实现社会阶层公平，就要让乡村居民成为乡村旅游的有力推动者和重要参与者。

（三）乡村旅游可持续发展的手段

1. 发展乡村教育，提高乡民的文化素养和审美鉴别能力

在乡村旅游的发展中，强势文化往往会对弱势文化造成冲击。旅游开发中出现的主客双方不对等现象、飞地现象和新殖民主义现象，这主要是由于乡村教育与文化相对落后所致。乡村文化的传承和发展离不开乡村教育，提高当地居民的文化素养和识别能力是其中的关键。

由于旅游客源地和旅游目的地之间的主客双方的交往与相互作用存在非均衡关系，乡村文化之所以受到各种伤害，往往是因为乡村文化教育的滞后性。大力发展教育，可以使原住民树立积极主动的主人翁意识，发扬主人翁精神，并致力于乡村文化保护与传承的工作。并且提高他们的文化素养和审美鉴赏能力，让他们有能力保护和科学开发乡村，让乡村旅游更加重视人性，完成可持续发展的目标。

2. 发展乡村经济，构建农业循环经济产业链

旅游业的脱贫和拉动周边产业的发展，以及内需的提升，是乡村社区发展旅游业的具体目标之一。乡村旅游一直被看作乡村经济，甚至文化及城乡一体化发展的"万能药"受到推崇。乡村旅游的发展要靠乡村支柱产业经济的健康发展作为强大经济后盾。乡村的支柱经济产业是农、林、牧和农副产品加工工业。

要实现乡村经济的健康快速发展，就要构建科学的以粮食及其他农副产品龙头加工企业为依托的农业循环经济产业链；以畜牧、水产生产加工企业为依托的畜牧、水产加工循环经济链条；以秸秆综合利用为重点的秸秆循环经济链条，大力发展绿色、有机、无公害原料，加工企业要采取先进节能、无污染技术改造传统工艺，提高企业的经济效益；以林业及其加工业为依托的林业循环经济链条。

3. 发展乡村旅游，构建理想的旅游环境

乡村旅游的长远目标是建设发达的田园化乡村，构建理想的人居环境和生命栖息地，构筑和谐的旅游环境。这样旅游环境既面向城市居民，也面向乡村居民，使乡村居民不仅获得经济收益，更获得现代旅游的精神满足。在构建人居环境和旅游环境的过程中，旅游开发需要制订科学的旅游规划，对核心资源进行重点开

发，对不同需求层次分别开发。同时，加强对旅游者的教育，端正其旅游心态，树立科学的旅游观，要加强乡村旅游伦理教育，树立基于生态链的、遵循"3R"（Reduce 减量化、Reuse 再利用、Recycle 再循环）原则的旅游生产发展观，提倡文明化、减量化和无害化绿色旅游消费观。

面对旅游示范效应所带来的各种文化冲击，乡村基层组织和人民要头脑清醒、提高警惕、取其精华、去其糟粕，丰富和提高乡村文化的整体抵抗力，要在保持乡村特色与精髓的基础上，积极学习外来文化，使乡村文化得到保护、传承和发扬光大，并逐步建立起一个以人为本、尊重乡土文化、尊重乡土自然、包容差异的旅游新环境，进而促进乡村旅游向健康、稳定、繁荣和可持续的方向发展，实现乡村旅游的规范化、生态化及和谐化。

第二节　乡村振兴视域下乡村旅游经济的可持续发展

党的十九大明确提出了乡村振兴的战略性目标，旨在通过实施该战略来促进乡村经济的发展和人民生活的幸福，从而解决人民不断增长的物质需求与发展不平衡之间的问题。这一战略是实现中国梦和全民富裕的必要条件之一。作为乡村振兴战略下的重要组成部分，乡村旅游吸引着越来越多游客的关注和支持，这为乡村居民发展提供了前所未有的机遇，帮助改善了他们的生活水平和提升生活质量。作为党和国家的战略决策，乡村振兴战略的特点是具备战略性、全局性和长期性。因此，乡村旅游的发展必须紧密围绕在乡村振兴战略的总体要求上。乡村振兴的重要推动力之一是乡村旅游。乡村旅游的积极发展对于落实乡村振兴战略至关重要。

乡村旅游是文化和旅游产业的重要组成部分，也是促进农村经济发展的有力手段之一。在乡村振兴战略实施中，乡村旅游将成为一个重要的推动力量。乡村旅游的推广可以带动农村的发展，提高农民的收入水平，并且为他们提供就业机会，实现在家门口就业。此外，参与乡村旅游产业，可以让农民通过自身努力脱贫致富。推进乡村旅游的发展，不仅有利于巩固拓展脱贫攻坚成果，还有利于实现乡村宜居宜业、农民富裕富足的目标。这也是国家乡村振兴战略的原则和目标。

发展农村旅游能够有效促进农村产业的活跃化发展。旅游业作为我国国民经济的战略性支柱产业，是乡村产业振兴的重要产业选择。旅游业作为扶贫产业、综合产业、美丽产业、幸福产业，促进乡村振兴的推进。有了乡村旅游，农村的产业转型才有了新的思路，可以更深入地开发农业产业的附加价值，促进第一、第二、第三产业的有机融合，增强并激活农村产业的潜力，拓宽了产业链，让农业走向现代化。开发乡村旅游和休闲农业使农村土地能够得到更好利用，提高资源利用效率和产值。发展乡村旅游有助于吸引农民工回乡创业，也有助于吸引大量的城市中的创客来乡村创业，以及吸引游客前往旅游，进而增强农村的吸引力和凝聚力，为乡村振兴提供必要的人力资源。培育乡村旅游不仅可以有效保护当地的乡土文化，同时也有助于提升农村教育水平。乡村旅游在传承农耕、村俗、服饰、餐饮、宗祠、建筑、民约等乡土文化的基础上，达到推动我国乡村社区繁荣发展的目标。乡村旅游的推广建设有助于构建生态环境良好、适宜居住的乡村环境。

乡村旅游需要以良好生态环境为前提条件。如果没有良好的自然生态，如果环境都是污水横流、空气污染，那么乡村就找不到那一片诗情画意，找不到那一片田园风光。同时，发展乡村旅游、乡村全域旅游化，也更能提升乡村生态品质，对于营造生态宜居环境，将乡村建设成为现代版的"富春山居图"，也会发挥美容师的作用。

为了实现乡村旅游经济的可持续发展，旅游业发展需要同时考虑两个目标，即提供优质的旅游产品，同时改善旅游接待地区，农民的生活水平与质量，这两个方面都需要完成。乡村旅游经济的发展与农业经济有一个共同的基本要素，即都与自然环境息息相关，概括来说乡村旅游经济的增长依赖于乡村的自然资源和环境。保护当地农村的自然环境是实现乡村旅游经济可持续发展的必要条件。在乡村发展过程中，旅游经济和农业经济必须要和谐共生，这是乡村旅游经济可持续发展的重要表现之一。我们不应该因为追求旅游经济的快速发展，而放弃农业经济，使其逐渐衰退，这样做实际上等同于在乡村地区再创造一个城市，和乡村的发展初衷背离。如果乡村的特色和本土特色丧失殆尽，那么旅游目的地将没有能力吸引大量的游客前来。然而，随着旅游业的发展，农业经济也不可避免地需要进行调整以适应形势的变化。因而，正确把握乡村旅游经济的发展程度，是确保乡村旅游经济可持续发展的重要因素。乡村旅游的成功，不仅仅为了追求经济利益，还要综合考虑生态和文化因素。

在乡村旅游建设的过程中，要注意减少乡村旅游收入的损失，增加当地农民的旅游收入。众多实例表明，若将旅游企业的管理和控制权交由外来人士处理，那么旅游业的发展很难走向健康的道路。通常情况下，乡村旅游中最盈利的企业包括宾馆、饭店、汽车公司和缆车公司等，但是这些企业常由外地投资者控制，而当地则依赖于这些企业来投资和推广自己的旅游产品。因此，在发展乡村旅游时，应该将旅游的开发、经营和管理的权利收回到当地居民或当地企业手中。当地政府应该支持并推动当地农民参与旅游业的积极性，培养其主人翁意识，掌握经营和管理，不让旅游区内的旅店、餐馆和旅游商品被外地企业所控制。同时，立法方面应尊重和保护当地农民的利益，确立当地农民参与旅游业的比例标准。

第三节　乡村振兴视域下乡村旅游文化的可持续发展

在乡村旅游发展中，文化的可持续发展任务十分具有挑战性，面临的问题也是迫切需要解决的。为了全面发展乡村经济、社会和生态，建设社会主义新农村，并构建和谐社会，必须要有一个全新的文化发展战略。近年来，乡村旅游产业得以快速发展，这得益于当地丰富的旅游资源，同时政府和游客的大力支持也十分关键。随着乡村振兴战略的深入，国家对旅游业的重视程度也在不断加深，人们的生活水平正在逐步提高，越来越多的游客对旅游产品和文物保护的要求也不断提高。为了让乡村旅游有更好的发展，进行当地旅游资源的挖掘和开发工作势在必行。但是，这个过程可能会破坏当地的原有文化，使得乡村旅游失去其原本的特色，变得过于商业化。因此，需要采取措施来平衡旅游开发和文化保护之间的关系，以实现旅游文化可持续发展的目标。

为了推动乡村旅游文化长期发展，我们应该深入探索乡村发展文化内部的潜力，确保乡村旅游呈现丰富多样、持续发展的态势。乡村旅游文化建设与发展在旅游事业中占据重要位置。为实现这一目标，应以保护文化为首要原则，并积极发掘当地旅游资源和特色文化，使得当地的旅游产业呈现出自己的特色。

乡村旅游的兴起是为了推动乡村发展，因此，乡村旅游实际上是乡村振兴战略的重要组成部分。要实现乡村振兴，就需要深入挖掘乡村的资源，将当地的风土人情、村民的故事融入文化建设中，以此来推动乡村旅游的丰富内涵。乡村文化的内涵包含了民族特色、乡村风俗和当地村民的人文风情，因此，必须将乡村内涵作为实现乡村旅游文化产业可持续发展的基础，而这一支持必须以保护为原则。

乡村文明的发展是通过本土文化和当地精神文明建设来实现的，乡村文明促进大量的游客前来旅游，也加深了村民的乡情乡愁。当地村民的精神文化建设、主人翁地位的凸显以及对当地经济发展的促进，与本地的文化、习俗和制度密切相关。因此，我们应该首先激发村民积极性，让其成为乡村旅游建设的一分子，让其认识到自己在这个过程中的重要作用，并持续为该事业出力。为了增强当地村民对乡村旅游的认同感和满意度，当地政府和相关机构应该加强组织村民之间的交流和学习，这样可以提高外来游客的满意度，并创造一个令人愉悦的旅游环境。有关部门应在适宜的时间和地点组织当地村民，前往其他地区学习乡村发展的良好经验。这样不仅为村民提供了学习机会，借鉴其他地区的先进经验，还可以拓宽他们的视野，培养他们的素质和专业意识，为未来的发展打下基础。除此之外，村民也要积极自发组织活动，打造更多特色旅游服务。这些努力不仅有助于增强村民的服务意识，也有助于促进乡村旅游事业的繁荣发展。根据当地的旅游发展水平和基础设施建设情况，政府与当地村民应达成协议，进行合作，互相帮助，一同传承、创新乡村旅游文化与服务，达到乡村旅游文化的可持续发展目标。

在乡村旅游文化可持续发展中，要充分保护弱势群体的利益，建立最广泛的民众参与机制，例如，可以引入村民全体表决等方式，以建立防范各种破坏乡村文化的监管机制。在旅游发展逐渐展开的同时，我们也需要让村民认识其传统文化的价值，增强民族自信心。此外，我们应该引导居民充分挖掘农村传统民间文化的精髓，从而激发乡村文化的活力。必须重视挖掘、整合、保护和利用民间文化艺术。充分利用各地的人文资源、传统文化、民俗文化、民间艺术资源，评选

第五章　乡村振兴视域下乡村旅游的可持续发展

出村落或特定区域中，保持传统文化完整且具有特殊价值的地方，并进行整体性保护。同时积极发展具有传统和地域特色的民间工艺和艺术表演项目，如剪纸、绘画、陶瓷、泥塑、雕刻、编织、戏曲等。致力于培养出一批文化名镇、名村、名园、名人、名品，使得传统民间文化与乡村旅游发展相结合，发挥其多重功能，保持传统文化的生命力，从而更好地促进乡村振兴战略的实施。

第六章 乡村振兴视域下乡村旅游发展的经典案例

本章主要介绍乡村振兴视域下乡村旅游发展的经典案例，分别是乡村振兴视域下乡村旅游的美丽乡村、特色小镇、田园综合体和休闲农庄。

第一节 乡村振兴视域下乡村旅游——美丽乡村

一、休闲旅游型美丽乡村——江西省婺源县莲花溪

振兴乡村的关键，是找准制约乡村振兴的主要障碍。当前社会的主要矛盾已转变为人民日益增长的美好生活需要与不平衡不充分发展之间的矛盾，这也深刻揭示了供需不平衡、发展不充分正是乡村落后的主要根源。要解决农产品供需不平衡问题，必须把生产、流通和消费有序组织起来，形成供需双方信息透明、良性互动的生态系统。通过农产品供需平衡，带动第二和第三产业发展，吸引人才、消费回流乡村，充分激活乡村沉淀资源，只有实现城乡住房供需平衡、城乡产业平衡、城乡公共服务平衡，才能够实现乡村振兴目标。

美丽乡村是加快农业农村现代化步伐的具象化表达，最终目的是要让农民群众养成美的德行、得到美的享受、过上美的生活。在美丽乡村建设中，只有注入乡土文明符号，美丽乡村才有内涵、有品位、有活力，才能留住文脉、记住乡愁，才能使乡村更有灵气，更有强大生命力。让人民群众的美好生活更加优质美好，培育和弘扬社会主义核心价值观必须立足中华优秀传统文化，突出道德价值的作用，使之融入社会生活，让它的影响像空气一样无所不在、无时不有，美丽乡村建设为乡村振兴增姿添彩。

第六章 乡村振兴视域下乡村旅游发展的经典案例

当前全国性基本生存环境遭到严重挑战，工业化、城镇化、农业开发、工业生产等活动对农村生态环境也带来一定威胁，保护并改善农村的生态环境、保持天蓝、水绿、气清的自然环境、为居住者提供良好的生存环境是美丽乡村的基本所在，也是美丽乡村的吸引力所在。

婺源县位于江西省上饶市，处于赣东北与浙、皖三省交汇处，交通区位较好。项目地位于世界级旅游胜地婺源县的黄金旅游线路（旅游东线）上，紧邻5A级旅游景区江湾景区，周边开发成熟的景区较多，是赣、浙、皖三省生态旅游金三角之地。

莲花溪生态环境较好，有深厚的农业基础，具备天然的休闲农业发展条件，旅游资源较为丰富。项目地自然生态资源虽具有一定特色，但是与婺源县其他景区相比，资源优势并不突出，资源单体特色不鲜明，且存在同质性问题。

针对莲花溪没有突出的资源优势，难以在区域内突破难题，结合创新的资源观，站在推动江湾镇旅游休闲化升级与婺源县"中国最美丽乡村""梦里老家"品牌建设的高度，将项目角色定位为乡村社区。以打造"乡村社区"的理念来建造旅游区，凸显后发优势。（1）超越乡村旅游与农业旅游的常规业态，以打造休闲度假区的理念来建造旅游目的地，凸显后发优势；（2）立足生态基础，引入主题文化，构建特色鲜明的人文主题，凸显现代风格的乡野意境，构建核心竞争力；（3）充分借鉴国内外类似成功项目的经验，以乡村休闲、运动康体为先导，以休闲农业、度假物业为利基，形成有效指导本项目发展的科学模式；（4）将以南昌为中心的省内作为重点客源腹地，抓住中高端市场，着力打造"旅游休闲与度假物业"两大产品；（5）积极融入江湾5A景区的旅游产业发展与升级换代，与其错位发展，形成联动互促。

依托优美的生态环境和古村落旅游资源，以休闲农业和乡村旅游为发展方向，通过营造山间古朴的乡村旅游氛围，创造"乡村社区＋生态休闲度假"的一种生活模式，将这一大景区打造成，集社区休闲、古村休憩、农业观光、乡村生态度假、体育运动、休闲养生于一体的乡村社区型生态旅游目的地。

在三保庙地块建徽州特色乡村社区广场，将徽文化融入乡村广场规划设计中。广场是整个旅游区的人流中心，是重点打造景区，夜间旅游项目。经常性地开展文艺活动和文化活动，定期举办一系列可以让旅游者参与其中的夜间活动。自《舌尖上的中国》热播后，美食旅游悄然流行开来，为迎合市场需求，充分挖掘婺源美食文化，乡村社区广场临近区域设置乡村美食街，汇集具有徽菜传统的婺源美食。美食街设置烧烤大排档、BBQ，丰富社区的夜生活，同时一年一届的美食节也可在此举行。引进国外合适的水果品种，游客交付一定的费用后，就可以在这里任意采摘。将其打造成集果园采摘、果园观光、果品销售于一体的果园经济区。以原始蔬菜种植为创意点，建立生态蔬菜园，游客在这里可以参与蔬菜的种植和采摘，对于采摘后的蔬菜，游客可以自带回家，也可以将采摘的蔬菜带到农民家里，做生态美食。

二、文化传承型美丽乡村——广东省茂名市好心湖

乡村振兴是中华民族实现农业文明、工业文明、商业文明融合的重大战略，随着经济收入和闲暇时间的增多，人们在衣食住行方面的消费逐年降低，与此同时在观光、旅游、休闲和度假的消费逐年增加，加之城乡道路与交通条件的改善，均为乡村旅游的发展提供了有利条件。

美丽乡村，简言之就是指美丽的村庄，"美丽"不仅仅是指村容整洁，还包括村庄特色唯美、村庄生态优美、村庄乡风和谐、村民生活甜美；"乡村"也不单单指某个村庄，而是一个群体概念，包括镇域、乡域，甚至县域范围。美丽乡村要做到规划科学布局美、村容整洁环境美、创业增收生活美、乡风文明身心美、社会和谐服务美等"五美"，根据美丽乡村建设这五个"美"的中心思想，其本质内涵也相应地体现在生态环境提升、生态人居建设、生态经济推动、生态服务优化及生态文化培育五个方面。美丽乡村是一种全面、综合地统领新农村建设的新想法，是美丽乡村建设的重要策略。现阶段建设美丽乡村，绝不仅仅只是为了给农村一个美丽的外壳，关键在于提升农村居民的生活水平和生活质量，切实地提高农民的幸福指数，促进乡村振兴战略的全面普及和发展。

近年来，党和政府多次强调要增加乡村文化事业投入。如果说城市运转的灵魂是一套套的法规制度，那么乡村运转的灵魂就是其约定俗成的民俗文化。在美

丽乡村建设中，应突出乡土特色，弘扬传统文化，保护传统民居建筑，尽可能使村民体会到熟悉的生活与交往氛围，产生心理上的满足感与归属感。美丽乡村建设要通过景观节点的不断提升，改善村落的风貌形象。在节点处要充分考虑景观的连贯性和层次感，景观设置中要注重地域文化元素的注入。例如，村庄入口处，它作为村庄空间环境的重要标志点，对村庄的整体环境引导和识别具有重要作用，其规划要展示鲜明的特色文化。居民住宅区和居民休闲区，可种植高低错落的乔灌花草，增加景观的层次感，营造花园般的景观氛围，烘托乡村文化氛围。

好心湖位于广东省茂名市，是将昔日满目疮痍的露天矿经过整治，变身生态公园，重新焕发生机，成了一个风景优美的旅游好去处。此湖的名字来源于岭南圣母冼夫人所说的"我事三代主，唯用一好心"。冼夫人历经梁、陈、隋三朝，毕生为维护国家统一、民族团结、促进当地生产发展做出了卓越的贡献。"好心湖"取此名，旨在纪念冼夫人。好心湖地处广东省茂名市南茂区公馆镇油甘窝村好心湖畔，周边有茂名技师学院，距离市中心约10公里，区位条件比较优越（图6-1-1）。

图 6-1-1　广东省茂名市好心湖

好心湖范围内缺乏自然旅游资源和人文古迹，但可以依托茂名露天矿生态公园（以茂名矿业文化和油城精神浓墨重彩绘就的露天矿生态公园，已逐渐展现出碧波荡漾、苍翠欲滴、繁花似锦、鸟儿啾鸣、文化荟萃、游人如织的休闲娱乐美景）

发展旅游。还可挖掘利用茂名市、油甘窝村历史文化或民俗文化等资源，增强旅游吸引力。

名人文化：一是潘茂名，他的历史故事、传说、遗迹等，特别是悬壶济世、仁心仁术、治病救人、名留史册。在潘茂名仙逝后，当地人纪念他，祭祀他。传说隋开皇十八年（598）设立茂名县，是以他的名字命名的，"茂名"地名的由来，就是一曲充满着爱心的动人篇章。"好心"之"仁"可体现，是"仁者爱人"的最好证明。二是冼夫人，冼夫人被周恩来总理誉为"中国巾帼英雄第一人"，正史记述，地方志详载。冼夫人"我事三代主，唯用一好心"的言传身教，世称岭南"圣母"，享万民千秋祭祀和景仰。

民俗文化：每年二月十五油甘窝年例庆典活动十分隆重，锣鼓喧天、摆宗台、舞狮、游神游船供神佛。年例是盛行于粤西地区（茂名、湛江为主）一个独特的传统节日，所谓年例，即是年年有例！在中国的众多传统节日中，春节可算是最为热闹的，然而在粤西岭南一带，有一个比春节还重要的节日，那就是具有地方特色的民间文化习俗——年例。年例大过年，是指年例的隆重。过年做籺也是当地著名的民俗文化。每当过年的时候，家家户户都做籺过年，一般是糯米籺。如果有哪家哪户在来年正月十三要点灯，那么，在正月初三过后，十三之前，点灯的那户人家，更加要做糯米籺或者煎堆籺。

以习近平新时代中国特色社会主义思想为指导，结合乡村振兴和美丽乡村建设工作，以生态保护为前提，挖掘冼夫人、潘茂名等好心文化，整合地方民俗文化等，以田园花海夜间旅游为特色，打造集浪漫休闲、亲子休闲、养生休闲、娱乐休闲等于一体的美丽乡村。

景观大门以茂名好心精神为灵魂，由两个弯月组成心形大门，既体现崇高的精神，又不失浪漫情怀，给人一种温暖。门上装饰美丽的太阳花，给人一种希望，一种憧憬。游客服务中心包括售票处、咨询处、展示厅、购物处、园区管理处、旅游厕所等服务单元，打造集"旅游集散中心＋商业活动中心＋休闲娱乐中心＋文化消费中心＋智慧旅游中心"等于一体的商旅一体化、文旅一体化、产业集聚化发展的服务平台。停车场用绿化分隔空间，减少噪声、灰尘和分隔规线，大车、小车、私家车、团体车分开停放。因地制宜采用荫棚、拉网、悬挑等各种形式，种植攀缘植物，以减少阳光直射，美化顶面和背景，加深绿化容量氛围。选择适合停车又生态的铺地，解决车辆荷载、排水、透气、减尘、反光、降噪诸多问题。以人为本的理念进行设计，要意识到停车场设计不单是组织交通问题，更是留出合理必要的生态、景观空间，营造良好的生态环境。商业街（旅游特色街）是两层中国传统建筑，正面朝向好心湖。一楼作为商业店铺，发展特色餐饮、特色小吃、特色购物，二楼可以作为乡村客栈（露天矿生态公园周边村庄新农村示范片油甘窝村村庄建设规划中，在本区域规划了驿站项目）。景区整体以花海为背景，根据季节大面积种植板蓝根（和油菜花很接近，但经济价值更高，花期更长）、向日葵、马鞭草、薰衣草、格桑花等，穿插种植黄梅花、红梅花、樱花等。

第二节　乡村振兴视域下乡村旅游——特色小镇

一、历史文化型特色小镇——浙江省桐乡市乌镇

建设特色小镇，为实施乡村振兴战略聚力规划引领。特色小镇基本都是根据地形地貌，做整体规划和形象设计，既不浪费资源又能充分因地制宜。在实施乡村振兴战略中，我们要坚持规划先行，高起点编制发展规划，做好小镇空间布局、项目谋划，让传统与现代、历史与时尚、自然与人文完美结合，做到"一镇一风格"。要进行体制机制创新，加快制订符合本地特色小镇发展实际和特色的政策，以点带面，从源头上引导特色小镇健康发展。

特色小镇采用以"创新、协调、绿色、开放、共享"为核心的理念，根据自身特点，精心规划，发掘地域特色，在产业、城市建设、文化和人文等方面实现有机整合，以此形成一个独特的功能平台，把工业和农业、城市和乡村在要素配置、产业发展、生态保护等方面有机联系起来，为城乡融合和乡村振兴发展提供广阔思路。

在实现第一个百年奋斗目标，且全面建成小康社会之后，我国进入了"十四五"时期，并开始了全面建设社会主义现代化国家、迈向第二个百年奋斗目标的新征程。全面实施乡村振兴战略，着重创建特色历史旅游小镇，推动改革

和发展深度融合，谱写高质量发展新篇章。目前，古村古镇旅游备受关注，并成为乡村旅游体系中的一个亮点，成为旅游开发领域的热点之一。这些古村古镇以其悠久的历史文化、淳朴的民风习俗，以及保存完好的古建筑遗迹等特色，吸引了大量的游客前来参观游览。然而，在旅游业发展过程中，也存在着很多矛盾，典型的包括保护与开发之间的矛盾以及传承与商业化的博弈等问题等，这些矛盾成了景区发展的制约因素。因此，为了在古村古镇旅游领域达到高效、可持续的发展目标，需要探索一种新的发展模式，这种发展模式既能最大限度保护历史文化面貌，又可以帮助弘扬传统文化，使旅游经济效益得到充分发挥。从20世纪80年代开始，我国就已经将保护和开发我国古村古镇的工作展开实施，当时保护和关注的重点放在了江苏昆山周庄和安徽黟县西递村这两个古镇。到了90年代，长江三角洲、皖南地区和江西吉安地区开始逐渐出现一些重点区域，形成保护和开发群。直到1999年，联合国教科文组织第24届世界遗产委员会通过了西递、宏村两处古民居纳入世界文化遗产名录的申请，激发了我国对于古村古镇保护和发展的热情。中国历史文化名镇名村评选活动由建设部和国家文物局在2003年开展，将保护和开发工作推向了高潮。

乌镇位于浙江省桐乡市北部，距离桐乡市中心只有13公里，分别离嘉兴、湖州、吴江三市约27公里、45公里、60公里，距离杭州和苏州稍远，大概80公里，距离上海最远，大约140公里。乌镇拥有超过1300年的历史，坐落着众多古建筑和历史文化名人故居，同时保存工作也十分优秀，整体建筑比较完整，同时以水为街、以岸为市的迷人水乡风光也是其独特的、吸引人的地方。古镇风貌独特，河网将其街道分隔成东南西北四个栅（四条街），各个景点相互连成一片，天然适合打造成为旅游胜地。自1999年起，乌镇启动了古镇保护和旅游开发计划，如今已经成为享有国家5A级景区声誉的地方。此外，它也名列全国20个黄金周预报景点和江南地区六大古镇之一。

乌镇（图6-2-1）的古建筑保护措施可以总结为以下五个方面：迁移、拆除、修复、补充和装饰。也可总结为五个字：迁、拆、修、补、饰。在历史街区中，有一些工厂、大型商场和现代民居需要进行必要的搬迁，这就是"迁"；"拆"是拆除不和谐、不能和整体协调的建筑；还有，利用老物料和传统手艺进行修复受损的老城街道、古建筑、河岸与桥梁等就是"修";恢复或修复一些旧建筑的部分,以填补空缺并将其连接成一个整体视为"补"。所有电线、管道和现代设施,如空调等,都采用地下铺设和遮盖,从而隐藏在视野之外,体现的就是"饰"。通过实施"五字法",成功地恢复和保护了乌镇原有的古朴风格,可谓是一项别具创意的措施。

图 6-2-1 乌镇

在对乌镇旅游的路线设计上,主要采用逐步修复和以线带面的方式,以街道和河流为线,构成面,让游客感受到明清小镇的古朴氛围。整个旅游路线连贯、封闭,让游客远离现代城市的喧嚣,眼前所呈现的仅是古老的民居和传统的文化景观。一栋古老的民屋,一座石制的桥梁,一条悠然流淌的小河,打造出恬静、悠闲和宁谧的环境,让游客寻幽探古的旅游需求得到极大的满足。

乡村振兴战略是党和政府十分重视的伟大举措,旨在推动促进高质量发展、加速绿色增长、实现民族振兴、美化农村环境,最终提高农民生活水平。根据国家对乡村振兴的不断推进,为其在政策和环境等方面予以支持,发展乌镇旅游特色小镇是一个明智之举,符合当前发展的潮流,前景十分广阔。在得到国家政策等方面的支持后,乡村旅游特色小镇打破原有的限制和模式,不断升级和创新,成为促进当地经济增长的推手,同时也成为推动就业和城镇化的重要力量。在发展的过程中,乌镇通过持续提升景区品牌文化内涵、深度挖掘民间传统文化以及举办隆重的节庆活动和庆典，让游客更加直观地认知和体验到当地的民俗文化。以3月8日国际妇女节为契机，乌镇举办了古镇丽人节，展现了当地传统民俗的丰富内涵，包括瘟元帅会、蚕花会、踏白船、香市等特色活动。此外，还有中秋节、春节等中国传统节日的庆祝活动，以及各种大小民俗体验活动。这些活动全方位呈现了当地的传统文化和风情。

古时，乌镇位于两省、三府、七县的交界处，治安方面并不良好。为此，在明清时期，政府特别设立了浙直分署和江浙分署，这两个机构在实际上扮演了府衙的角色。因此，行政上的便利使得乌镇得以发展各式各样的传统手工艺。这些传统工艺代表了乌镇劳动人民的智慧和文化底蕴，因此被列入非物质文化遗产，并成为乌镇旅游开发不可或缺的一部分。景区为此特设了30多个展馆、工场和作坊，例如高公生糟坊、徐昌酱院、乌香堂、乌陶坊等。游客来到这些文化展馆中，可以亲身体验古代手工艺品的制作过程，犹如置身在遥远的过去。

展示水上社戏、高杆船、花鼓戏、评书楼、皮影戏、露天老电影等各式传统艺术表演，宣扬了古老的艺术文化。在景区的各个角落都能看到书场戏台等文艺表演场所。置身其中，游客可以作为观众旁观，也可以选择参与其中，亲身体验，从而更加了解传统文化和工艺技术，并体验当地老一辈居民闲暇时的娱乐方式。

传统的生活方式和民间的寿俗、礼俗、婚俗、衣俗等，是传统文化的精华，人们通过这些民俗活动充分体验古镇生活的魅力。在这里，还可以观看拳船表演、堂会表演，亲自体验打更，用不同方式感受这里的传统生活趣味。

除了在民宿周边分散设置商业点，让游客通过购物来更深刻地感受水镇的风情，乌镇最独特的商业模式是采用主题式的商业购物理念，并开辟了女红街，引入以女红工艺为主的创意商业。在这里开店，就必须严格遵守要求规定，先提交可行性方案，等待审批通过后才能正式开业。为了激励店铺的创新能力，政府还设立了专门的创意奖励基金。这不仅有助于促进商业竞争力的提高，同时也避免了店铺之间的恶性竞争。

乌镇的开发模式采取了分区管理策略，东栅地区是原住民的聚居地，着重推广传统观光旅游，而西栅则通过买断原住民的民居产权，致力建成一处理想的水乡景区，为游客提供休闲度假和观光体验。在西栅休闲民宿项目的推进中，政府将当地居民纳入公司团队，授权他们部分餐饮经营权并成为民宿管家，以此来形成独特的经营模式。这样做，也能够更好地融入当地文化，提升民宿的吸引力。同时，乌镇有效利用了民宅的潜在价值，达到了规范经营、传承文化、激发原住民活力的多重目标。

古村古镇的最大财富在于其沉淀在历史文化空间中的传统文化，因此，古村古镇的开发必须深入挖掘、恢复、传承和发扬历史文化遗产，这是其发展的关键所在。乌镇采用了多种手段来活化古镇文化，包括保护古建筑、创造文化氛围、举办传统节日活动、传承古代工艺和艺术、提供民俗体验、开发旅游纪念品和民宿客栈等方式，这些方式有助于让传统文化景区的可感受性不断增强。乌镇商业开发模式非常值得借鉴，尤其是西栅开发项目，该项目采取了一种独特的商业运营模式，将休闲区和传统观光区分开，实现了观光与度假的双重功能，同时门票和复合经营模式相结合，取得了巨大的成功。通过整体买断产权，西栅的产权更加完整且清晰，同时在前期规划阶段，就已经让其消费的范围辐射更加广泛。西栅与东栅互补发展，共同打造了一个完整全面的文化旅游圣地。在东栅开发商业化运营的过程中，采用了乌镇模式中"修旧如旧"的方法，该方法受到文保学者的高度赞誉，更新了其经营内涵。

二、新型产业型特色小镇——浙江省杭州市云栖小镇

《中共中央国务院关于实施乡村振兴战略的意见》明确指出，加强农村科普工作，提高农民科学文化素养。[①] 提高农民科学文化素质是发展现代农业的关键。乡村文化振兴是实现乡村经济发展、产业兴旺、生活富裕的重要动力。改革开放以来的实践经验表明，谋求乡村经济发展，实现乡村产业兴旺，促进乡村经济繁荣健康，必须改变就经济谈经济的狭隘思路，必须变"输血"为"造血"，必须处理好"富口袋"与"富脑袋"的关系。

随着科学技术的不断发展，节能环保、新一代信息技术、生物、高端装备制造、新能源、新材料和新能源汽车等战略性新兴产业得到了空前发展，其与特色

---

① 中共中央国务院关于实施乡村振兴战略的意见[J]. 畜牧兽医科技信息，2018（05）：20-22.

小镇融合，涌现了大批以新兴产业为核心的特色小镇，为特色小镇的发展提供了有力支撑。现代农业生产离不开科技，科技还扮演着保障品质田园生活、促进良好生态环境的重要角色，而且科技全面渗透、支撑田园综合体建设的各个方面。为了减轻资源和环境的压力，必须按照循环和可持续发展的理念来进行建设，并运用科技手段来支持生态循环农业。同时，还要打造农居循环社区，旨在在产业发展和农民获得增收的同时，改善生态环境，使得良好的生态环境更加适宜人们居住、观光。

在乡村振兴战略新型产业型特色小镇里面，科技要素不再仅仅是现代农业园区提高生产力的促进因素，而是成为产业融合的纽带和连接的关键，这标志着科技地位发生了本质性转变。传统科技的作用在于提高生产效率、提升产品品质、增加效益，而现代科技的功能早已优化，则更注重于促进业态效率提升，推进业态融合。例如，借助物联网技术，不仅可以降低生产成本提高效率，更重要的是能够增强企业与消费者之间的互动，进而在生产者和消费者之间提升相互信任程度。因此，从这个角度来看，科技的出发点和要素的作用改变很大。

云栖小镇（图6-2-2）位于杭州市西湖区之江新城的中部，东北距离湖滨商圈直线距离约15公里。规划范围以转塘科技经济园区为基础，东至四号浦，南至袁浦路，西至龙山工业安置区，北至绕城公路、狮子山，用地面积为4.38平方公里；东西两侧用地面积向外拓展至9平方公里。云栖小镇是按照浙江省委省政府关于特色小镇要产业、文化、旅游、社区功能四位一体，生产、生活、生态融合发展的要求，着力建设以云计算为核心，由"云服务区""就业创业区""就业创业服务区""创业成功发展区"四区组成的一个云计算产业生态体系，一所私立研究型大学——西湖大学已经建成。云栖小镇建设后，发展非常迅速，完成财政总收入数亿元，累计引进企业数千家，产业覆盖以云计算、大数据为主，互联网金融、移动互联网为辅等各个领域。

图 6-2-2　云栖小镇规划图

小镇是在阿里巴巴的首席技术官王坚博士，中国云计算领域的领军人物的指导下，由一个传统产业发展平台发展成一个以云计算产业为主的创新创业基地，云栖小镇计划创建一个"创新牧场—产业黑土—科技蓝天"的创新生态圈，旨在为聚集在这里的全球高科技人才提供一个优良的创新环境。其中，"创新牧场"旨在成为服务创业者的平台，成为他们成长的土壤，吸引来自全国不同领域的优秀人才。"产业黑土"则致力于成为传统产业升级转型的技术平台。"科技蓝天"准备打造出科技和人才的中心，以此吸引大型龙头企业到来，形成以阿里云平台为核心的产业网络，充分支持云计算的企业和团队的发展。通过龙头企业的带动作用和政策的支持，最终也希望激发出云计算细分领域的衍生产业的发展，如游戏、移动互联网、APP 开发、电子商务、互联网金融等。通过云计算产业的发展、延伸，形成云计算产业集聚地，成为云计算创新创业联盟。

云栖小镇致力于打造一个以云计算和大数据产业为特色的小镇，同时加强智能硬件的发展，形成完整的云生态系统。云栖小镇在互联网时代下快速发展的经验，是一个生动实例，展现了时下"新常态"的企业发展方向。

现代社会，人类经济的发展结构可以归纳为由一个核心主体、两个关键动力以及三个重要平台构成的模型。其中，主体就是指实体经济；我们需要从发达国家汲取教训和追赶他们的主要力量，就是两个动力，即现代科技和现代金融。三大平台包括城镇化、建立在法治基础上的市场经济体制（即广义制度）以及生态环境。这就好比飞机起飞所需的各个要素相辅相成，其中机身是主体，机翼是两个重要的动力，而跑道、内在规则以及自然环境则是必不可少的三个条件和平台。云栖小镇目前的产业定位和制订的发展方向，紧抓现代通信信息技术和信息经济这一人类最成熟、最普及、最实用的领域。当前，我们处在信息经济时代，信息时代的重要技术包括互联网、物联网、云计算和大数据，它们代表了信息技术和信息经济的主要发展方向。云栖小镇紧抓当今时代大势，率先发展"云"产业，以此为契机，加速了自身发展。同时，在推动现代金融和互联网金融发展方面，云栖小镇也不能落后。将现代科技与现代金融相结合是互联网金融的发展趋势。如果互联网＋和金融资本＋的融合能够得到很好的实现和发展，它们的发展势必带动更加大的发展机遇的到来。

一般而言，特色小镇都会成为创新与创业的新舞台，因为它拥有独特的优势，如历史文化、区域空间、产业基础和发展环境方面等。云栖小镇立志要成为中国创新创业领域的尖端之地、"第一镇"。这个目标十分远大，也值得付出不少心血去追求。中关村是中国最具创新和创业精神的地方，被誉为创新创业的"第一村"。然而，中国的"第一镇""第一县"等还没有出现。作为提出建设成为"中国创新创业第一镇"的云栖小镇体现了其气魄和担当，并且这一举动也具有重要意义。云栖小镇的目标还包括"构建中国云计算生态，打造云产业领域的达沃斯小镇"。

云栖小镇的目标是成为中国创新创业领域的第一镇，旨在推动创新创业的发展，形成品牌效应。最近几年，中国经济取得了新的发展态势，并在各地都出现了大规模的创业和创新现象。要想抢占新一轮发展制高点，就必须处于创新创业最前沿。现代社会，信息技术和信息经济以互联网为基础，互联网＋成了本轮创新创业和新发展的核心。在未来的发展中，物联网、云计算、大数据技术以及智能硬件和软件产业将会成为支撑现代信息技术和信息经济发展的核心技术，成为科技发展的重要动力。

企业就是一种资源，而大企业更具备品牌效应。大型企业可以利用自身规模优势引入更多资源，合作其他企业，以及整合完善其产业链。自2011年开始，云栖小镇成为云计算空间的重要聚集地，至今已有210家企业如阿里云、富士康、

Intel、银杏谷等入驻，另外选址在这里的还包括国家信息中心电子政务外网安全研发中心、杭州电子商务研究院等。在云栖小镇，主要的产业是以阿里云平台为基础，全力支持各种创业团队和企业在"云端"进行创新。这里吸引了众多优秀的科技类企业，涉及游戏、移动互联网、APP开发、电子商务、互联网金融、数据挖掘等细分领域，同时还引进了风投和创投基金机构，形成了完整的云计算产业链。比如说由阿里云、富士康、银杏谷等合作发起设立的"淘富成真"这个项目，专门支持中小微型智能硬件企业和创业者，并向他们提供互联网创业和创新服务。

云栖小镇并非简单的创业孵化器，服务的核心对象是一些成型的企业，促进比较成熟的技术、产品和商业模式的成熟度，更加不断优化和转化，同时推动和引导产业发展的平台；云栖小镇在发挥政府作用的同时，企业自身的主体主导作用更明显。

乡村振兴本质是农业农村现代化的过程。农业现代化的关键在科技进步。发挥科技创新在乡村振兴战略中起到的是支撑作用，应该立足兴农科技创新前沿，聚焦乡村振兴战略需求，充分发挥科协职能作用和自身优势，团结带领广大科技工作者全力投入服务乡村振兴战略行动。

第三节 乡村振兴视域下乡村旅游——田园综合体

一、田园农业型——江苏省无锡市阳山镇田园东方项目

国内休闲农业和乡村旅游的热潮在最近几年愈加高涨，在乡村振兴战略的推动下，田园综合体已经成为休闲农业和乡村旅游高端发展模式的代表，它主要的发展模式是农业园区，追求农业链条的深度和广度，这种发展模式随着时代的发展将会进一步扩展至科技、健康、物流等各个方面。可以预料到，将来农业园区的田园综合体经营模式将会获得很大的成功。在乡村振兴战略的背景下，田园综合体的兴起源于现代农业的发展、新型城镇化以及休闲旅游的盛行，是"农业文创新农村"开发的新模式。这一趋势不可逆转，是当区域经济社会和农业农村发

展到一定阶段后逐渐形成的模式，同时也是推动中国农业走向新征程的创新载体。

田园综合体是将现代农业、休闲旅游和田园社区融合在一起的独特小镇和乡村综合发展模式，在乡村振兴战略中意义重大。一方面通过乡与城、农与工、传统与现代、生产与生活的结合，能够解决工业化和城市化发展所导致的乡村青壮年劳动力流出、农业衰退、乡村社会功能退化的问题；另一方面通过市场机制将自然生态环境的绿水青山变成老百姓的金山银山，从而解决生态补偿问题。

田园综合体是打造乡村振兴战略的新支点。田园综合体要包括农、林、牧、渔、加工、制造、餐饮、酒店、仓储、保鲜、金融、工商、旅游及房地产等多个行业。由此可见，田园综合体体现了第一、二、三产业融合发展，要将休闲娱乐、农业技术、养生度假、农副产品、文化艺术、农耕活动等进行衔接，进一步拓展现代农业的产业链，加快乡村振兴战略的普及。

田园东方项目位于无锡市阳山镇，拥有桃园、古刹、大小阳山、地质公园等生态自然景观。处于长三角经济圈的阳山镇近郊区域，交通便捷且拥有丰富的农业资源和田园风光。田园东方项目整体占地 6246 亩，包含现代农业、休闲文旅、田园社区三大板块，主要规划有乡村旅游主力项目集群、田园主题乐园、健康养生建筑群等。

无锡东方园林的产品以主题游乐产品为引擎，高尔夫球会、四大酒店产品、住宅为核心，以文化、生态主题公园为配套，是典型的旅游超市模式。

项目主要包含以蚂蚁为主题的田园主题乐园——绿乐园，选用蚂蚁世界中的泥土、木头、树桩、树枝等原生材质和循环材料作为构造材料，纯手工打造，营造出完全不同于城市"钢筋水泥"的"绿色王国"。康养建筑群——清境原舍；农业产业板块——四园四区（四园：水蜜桃生产示范园、果品设施栽培示范园、有机农场示范园、蔬果水产种养示范园；四区：休闲农业观光示范区、果品加工物流园区、苗木育苗区、现代农业展示区）；生态田园社区——花间堂拾房桃溪。

田园东方居住板块的产品以美国建筑大师杜安尼"新田园主义空间"理论为指导，将土地、农耕、有机、生态、健康、阳光、收获与都市人的生活体验交融在一起，打造现代都市人的梦里桃花源。田园东方的农业板块共规划四园、三区、一中心，导入当代农业产业链上的特色、优势资源，开辟阳山镇"新农村"的新面貌。

田园东方项目依托自身在生态、苗木、景观、田园、文旅、置地及婚尚等业务板块上实现产业链高度整合和长期的行业积累，迎合了新型城镇化的政策与产业趋势。

田园东方以"农业+文旅+小镇"的综合运营发展模式，实现三产之间的有效联动，并进行了乡村多元产业整合、风尚旅游业态加载、建筑空间肌理再生、田园生态景观重塑。

二、民俗风情型——青海省海北藏族自治州祁连县青阳沟

落实乡村振兴战略是党的十九大做出的重大决策，也是新时代加强"三农"工作的主要方向。中央强调，各地区各部门必须充分认识到实施乡村振兴战略具有极其重要的意义，应该优先考虑战略的实施，并将其作为全党和全社会的共同行动。乡村振兴的关键在于经济发展，只有实现经济振兴，才能够带动乡村全面发展。

中华文化历史悠久，许多地区在乡村保留了中华文化的传统形式，因此乡村是最适合体验传统文化的地方。当然，一些乡村在现代城市化的进程中，很多文化遭受了很大程度的破坏。因此，我们需要通过文化复兴的方法来保护和修复中华文化的基础。当代社会对传统文化和民俗风情的需求也必须被充分考虑，并且现代人们对精神生活的需求也要不断满足。

中国农村问题在当今时代并不简单，各类问题错综复杂，解决起来十分棘手。这是由于过去百余年间，中国一直在与世界进行不断的接触和交流，变革也时有发生，长期下来，大量的传统文化已经消失，被传承下来的结晶寥寥无几。在当今的时代下，我们的主要任务也转向了文化振兴，这也意味着我们正式步入了一个新的时代，因此，我们需要重新看待文化振兴，认识到文化振兴对乡村振兴具有重要的价值和作用。中国的文化历史悠久，我们的民族和民俗文化传承深厚，这是我们进行创新传承的宝贵资产。我们应当更加注重发现民俗文化传统中优秀的部分，重新认识它们的价值。

民俗文化是民族文化发展所基于的核心文化，与人们日常生活密不可分。民俗文化既不是抽象的概念，也不需要深入思辨。它直接为基层社会提供服务。乡

村地区的传统文化,包括民俗风情,是不可忽视的资源。我们需要深入研究这些文化,重新认识它们对当代乡村社会的价值,并尝试利用这些文化为乡村振兴提供有创意、有创造性的文化支持。

祁连县青阳沟生态旅游开发项目地位于祁连县八宝镇内青阳沟路段,长度25公里,距祁连县城5公里,项目地有牧场、平原、林地、丘陵地等资源,资源组合性较好。规划区地处中国的西部,临黑河、靠祁连山,在中国传统地理风水格局中处于龙脉源头,宜居宜游,既饱含藏文化的神秘感,亦有阿柔部落文化的传奇,还有多个民族文化的大融合,具有聚集人气的文化条件。

祁连县青阳沟生态旅游开发项目,位于青海省祁连县八宝镇青阳沟路段,包括垭土布豁村、牧场、林地及其周边地区,规划辐射范围非常广阔。

青海省海北藏族自治州祁连县青阳沟项目规划如下。

景观大门:项目大门选择生态型大门,展示给游客的是自然牧场的牛文化形象。大门整体设计紧扣主题,关联"藏文化"设计元素,引用牛角形式,选用木材及当地的堆积石材作为建筑材料,尊重景区的本土化。

阿柔部落文化广场:阿柔部落文化广场设立十一根立柱,象征阿柔部落是十一个小部落的聚集,宣扬阿柔文化,展现民族风情。

文创休闲牧场区:文创休闲牧场区是以藏文化为主题的游客集散区域,牧场区同时具有文化体验、休闲游憩的功能,设计体现神秘的藏文化和浓郁的牧场风情。

冬虫夏草挖采区:项目策划挖掘虫草的体验活动,让游客参与进来。这种类似于寻宝的活动不仅给游客制造新奇感带来乐趣,还伴随有物质上的收获。

牦牛帐篷节:项目充分利用平原的优势,在前期发展营销中,为推广青阳沟的知名度,策划帐篷节活动,不只为了推广牦牛帐篷,同时让游客感受到帐篷形式的多样性,普及帐篷的功能性和结构知识。

藏文化民俗街:项目在街道内引入能展示地方特色的商户,既能联合举办岁时节日,又能将地方生活习俗、传统技艺等特色展现给游客,街道融合本地区的民风民俗与藏族文化。

青稞酒坊:项目在街道内引入专门制作青稞酒的厂家,将古老的制酒酿酒技艺充分挖掘，以作坊的形式既展示酿酒的工艺，又可使游客亲身体验制酒过程，增添青稞酒坊的乐趣性，通过酿酒师与游客的互动来增加游客对青稞酒的印象，更好地促进其销售量。

祁连县青阳沟以"文化体验+民族歌舞+生态休闲"的多元化经营模式，综合利用农业、林业、畜牧业、住宅和河流等旅游资源，在当地的沟谷草原地带，将"生态+、藏文化+"作为项目核心理念，根据自驾游市场的发展方向，发展起生态休闲度假产业，通过对原有生态环境的保护与优化，结合藏族特色村落、牦牛、藏羚羊、神鹿等景观的打造，综合视觉、触觉、嗅觉、听觉和味觉五个方面，建设出一种脱离都市喧嚣的自然风情地。

总的来说，在乡村振兴战略的推动下，田园综合体成了优化资源配置的"催化剂"。借助田园综合体建设，在整合土地、资金、科技和人才等资源方面发挥作用，以此推动传统农业的转型升级。在乡村振兴战略的框架下，通过发展田园综合体，可以保障土地的使用增量，并激活已有的闲置用地，帮助现代农业发展所需用地不足的问题得到解决。2017年的中央一号文件特别强调了完善新增建设用地保障机制，并提出了一些措施。其中，要求在年度新增建设用地计划指标中，划出一定比例，将其用于支持农村新兴产业和业态的发展。此外，通过对村庄整治和宅基地整理等方式来节约建设用地，采用入股、联营等方式，推进乡村休闲旅游、养老等产业以及农村三产的融合发展。

在实施乡村振兴战略的过程中，田园综合体为现代农业发展、美丽乡村和社区建设提供了一个可行的解决方案，解决了资金来源及其筹集方式的难题。在经济社会发展中，经济目标必须明确。各个利益体有不同的诉求：工商资本需要获利、农民需要增加收入、财政需要税收、国内生产总值需要增长，因此，田园综合体建设的资金来源渠道也变得多种多样。此外，还需考虑资金来源的不同介入方式，考虑资金的不同占比，比如政府撬动资金，企业主导投资，银行提供贷款融资，第三方提供融资担保，农民以土地产权入股等方式参与，从而形成田园综合体开发的"资本复合体"。建设田园综合体，就必须将社会资本整合起来，让市场充满活力。不过，我们需要强调农民合作社的主导地位，同时，注意防范外来资本对农村资产进行侵蚀。田园综合体模式可以协调政府、企业、银行、社会组织等各方利益关系，解决不同主体之间的问题。现在，通过复合体的共享利益模式，可以将主体的关系完全结合在一起解决。

在乡村振兴战略的推动下，田园综合体帮助产业价值不断提升。田园综合体模式的特点是多功能的新型模式，其中有农业生产交易、乡村旅游休闲度假、田园娱乐体验、田园生态享乐居住等多重功能，综合价值很高。田园综合体的兴盛与现代农业、旅游产业的发展息息相关。由于农业生产十分重要，是一切发展的基础，因此，将现代高新技术运用进农业中，致力于提高农业附加值。休闲农业园区的可持续发展需要将休闲旅游产业与农业相结合。田园社区的发展要依赖于农业和农副产品加工产业，因为这些产业的发展可以促进休闲体验、旅游度假等相关产业的增长，从而形成集田园风貌和现代都市时尚元素于一体的社区。田园综合体整合了现代农业、加工制造、休闲旅游和度假等功能，同时也成为新型城镇化发展的促进力量。借助新型城镇化的推动，田园综合体带动相关产业的联动发展，同时改善人居环境，实现文化旅游产业和城镇化的紧密结合。

发展阶段不同，生产要素所能起到的作用会逐步转变。在田园综合体发展模式中，其功能日益显著的是生产要素与其他产业的相互作用。因此，我们需要从关注生产力要素转变为关注生产关系，以适应这种模式的发展需求。在乡村振兴战略的框架下，田园综合体的建设最终目标放在了实现乡村复兴上，使城乡两地可以各自发挥优势，实现协调发展。田园综合体是一个以田园生产、田园生活和田园景观为核心组织要素的空间实体，满足人们回归乡土的需求是这种模式的核心价值，同时还结合了多种产业和功能，以促进乡村经济的发展。实现了城市人流、信息流和物质流的反哺乡村，让城乡之间的交流与互动更加紧密和有效。以城乡统筹发展为视角，我们需要打破城乡之间的界限，促进经济和社会生活的融合和协调发展，从而逐步减少城乡之间的差距。田园综合体作为乡村振兴战略的重要组成部分，有助于实现城乡经济社会一体化的新局面。

第四节 乡村振兴视域下乡村旅游——休闲农庄

一、乡村酒店型——四川省茶马世家乡村酒店

由于我国社会经济水平飞速发展，人民生活水平相应提高，传统农业在满足正常保暖的前提下已经不能满足日益增长的休闲需求。人们的旅游需求日益趋向生态性与个性化，促使旅游业的经营范围与经营内容不断向新兴领域延伸，城内旅游资源的开发已近极致，各旅游"热点"发展也近饱和，极化的旅游流加重了景区负担，必须通过一定手段向外分流，减轻城内压力，过热的城内景区要向外扩散，城郊的休闲农业在时间上、空间距离上都利于城内游客的转出。

休闲农庄的起源与国际上流行的休闲农业有关，主要注重展现田园景观和庄园风情。它满足了城市人们追求绿色、田园的生活方式的愿望，并将城市人对农村生活的各种感兴趣的要素综合起来，例如食用无公害的农家食品、自家种植、"牲畜家园""小桥流水"、垂钓、采摘等，从而创造了一站式的田园休闲方式。作为休闲农业旅游项目的高级发展阶段，休闲农庄要求更高，它的功能全面、品味高雅、环境优美、文化内涵深刻。在规划农庄这类旅游项目时，应该以农业为基础，选址在农村地区，农民作为主体。在设计方案中，应尽可能保留自然特色，将现有的资源和地形、地貌特色尽量利用起来，还要融合农业文化和民俗文化内涵。另外，还要发挥当地农民的主体作用，让村民参与休闲农庄的开发、建设和运营，推动农民成为休闲农业发展的主力军和受益者，这样，休闲农庄产生的经济和社会效益才会更高。在规划过程中，始终围绕生态思想，注重保护生态环境，保护生态的多样性。

乡村和城市在生态风光等方面有很大的不同，它环境优美，文化传统浓厚。乡村中的农业生产和养殖业也是城市居民平时所看不见的。现在，乡村旅游已经融合了农业和旅游业，游客可以体验种植、管理、收割和加工等一系列活动。乡村旅游正是因其独特的田园景观、农事体验和有机食材备受游客青睐。经过多年的发展，乡村旅游业已经成为一种新型的休闲经济产业。人们对健康生态的休闲观念和亲近自然的户外游憩需求也越来越强烈，乡村旅游满足了人们对回归自然

和缓解城市生活带来的压力的需求。当前，乡村旅游的市场仍然需要不断扩展，还需要为游客提供各种参与机会，以满足他们多样化的休闲和养生需求。同时，休闲农业为乡村发展带来了更多的机遇，这些发展和机遇不断为乡村振兴带来新的活力与动力。

随着全面推进乡村振兴，乡村美景成为旅游热点，推动了休闲农业的快速发展。乡村酒店是一种新型酒店，它的服务标准介于农家乐和商务酒店之间。它在保留农家乐乡村农家特色的同时，借鉴商务酒店的规范及标准，通过酒店建设、经营管理和人才培训，将商务酒店的服务规范和标准融入其中，使游客可以在体验乡村文化的同时，还可以享受到城市商务酒店的周到服务。乡村酒店集休闲、娱乐、教育功能于一体，使农业、生态、田园美景与住宿、餐饮完美融合，让游客在乡间享受悠闲、愉悦、富有启发性的体验。各个乡村酒店的活动功能和风格特色不同，可以将其分类为温泉康复疗养、特色餐饮、农事体验、餐饮会议、采摘休闲、田园风格、登山拓展以及特殊风格建筑等类型。

四川茶马世家乡村酒店位于中国绿茶之乡——中国四川省成都市蒲江县成佳镇，占地面积有 60 亩。坐落在风光旖旎的长滩湖畔，曾是茶马古道上的重要驿站，距酒店 2 公里处至今保留着一段完好的茶马古道。酒店建筑具有中国传统古建筑风格，是一家集餐饮、住宿、娱乐、休闲、度假、会务于一体的四星级乡村酒店。

酒店古朴雅致的建筑群依山而建，楼阁、长廊、庭院、假山、小桥流水、通幽曲径等建筑元素都被巧妙布局，加之绿树掩映、茶园环抱，充分体现了地方特色和乡村文化。该酒店突出农事劳作体验和传统农家饮食文化，推出以山野菜、乡土农家菜、河鲜、石磨豆花、养生药膳等为主题的生态饮食。

二、采摘篱园型——辽宁省大连常青树休闲农庄

2020 年我国取得脱贫攻坚全面胜利，制约中国几千年的农村贫困问题得到彻底的根治。在此基础上，如何全面激活农村经济生产要素，实现农村经济可持续发展，避免出现规模性返贫，成为摆在我们面前的重要课题。在此背景下，大力发展休闲农业产业成为一种重要选择。休闲农业作为乡村产业振兴的重要组成部

分，在带来巨大经济效益的同时，有力改善了农村生态环境，有效缩小了城乡差距，实现了农民生活质量的全方位提升，符合我国国民经济发展的基本要求。

随着工业进程的加快，城市涌入大量的人群，超越城市环境承载力，城市面积的扩张，使得城市绿化面积减少，城市环境恶化，更多的人愿意到城市周边去休闲度假。作为以休闲农业为主体的休闲农庄，符合人们回归自然的需求、享受田园的情怀。城市周边欠发达乡村开展休闲农庄有别于其他区域，有一定的特殊性，是一种特殊的乡村农业旅游载体。休闲农庄客源市场主要以城镇居民为主，随着我国城镇化建设步伐加快，一些经济发达城市已开始出现城市郊区化现象，为休闲农业产业的快速发展提供了良好的契机。在满足城镇居民休闲需求的同时，促进了农民就业增收、生态环境保护、缓解资源约束、扩大内需等方面的积极推动作用，促使休闲农庄成为民生产业、绿色产业和支柱产业。

乡村振兴，产业兴旺是基础。在农村产业中，乡村旅游和休闲农业是重要的组成，产业的跨度包含了全部的三产业，同时保障了生产、生活和生态环境的协调发展，实现了工农城乡的融合，这是一种新兴的产业和模式。要积极推动休闲农业和乡村旅游的发展，以促进农业的繁荣，建设美丽乡村，让农民富裕起来，也达到了满足城市居民旅游需求的目标，这是实施乡村振兴战略的重要举措之一。采摘篱园是一个具有多重功能的高新农业实验基地或种植基地，提供了能够让人们观赏和采摘各种特色蔬菜、果品或其他特色农作物的休闲活动。人们可在这里进行观赏、游览、采摘、学习和科普等活动。在将蔬果采摘与旅游业相结合的同时，实现多方位利用土地获取经济效益，包括生产和销售。

常青树休闲农庄位于辽宁省大连庄河市光明山镇小营村前刘屯，始建于2009年，规划占地1200亩。一期工程占地面积233亩，投资860万元，已经建成高标准日光温室33栋，以大棚草莓、大樱桃、多种花卉、甜瓜、蔬菜等为主；二期工程占地面积447亩，投资1000万元，在建高标准日光温室86栋，以发展葡萄、蓝莓、油桃为主；三期工程现占地面积500余亩，计划投资2600万元，拟建高标准日光温室200栋，以蓝莓为主。

常青树休闲农庄建设初期是单纯的传统设施农业产业项目，经过整改升级，增加采摘、休闲、观光、娱乐功能，增添餐饮、休闲、娱乐设施，将设施农业与休闲观光有机结合，拓宽产品市场，拉长产业链条，增加产品附加值，拉动当地水果大棚向高层次、多功能发展，取得较好的经济效益和社会效益。在发展过程中，通过完善服务硬件设施、提高服务管理接待、多品种栽植实现四季常熟常青等措施，积极发展采摘旅游，同时通过增加农家餐饮、增设住宿休闲设施等满足游客多种需求的同时大力发展旅游经济。

农庄升级改建两年后，就已形成较高知名度和影响力，每到周末、小长假，游客纷纷涌入，草莓以高出同期一倍以上的价格，仍得到游客的青睐，受此拉动，光明山地区的草莓乃至庄河草莓售价普遍比上年同期上涨一倍左右。

综合来讲，美丽乡村、特色小镇、田园综合体、休闲农庄的进一步发展需要借力于乡村振兴战略大平台，反过来，乡村振兴亦需要强而有力的"抓手"，以美丽乡村、特色小镇、田园综合体、休闲农庄的建设为载体，可以加快推进乡村振兴的进程，把乡村优美环境、人文风俗、历史文化、特色资源等在空间上进行集中和集聚，推动特色产业发展，打造独具特色的承载产业与人口，吸引城市资源要素的流入，符合当前中央相关发展理念，也从根本上增强了乡村的内生发展能力，为乡村振兴的发展注入源泉和动力。

参考文献

[1] 尹华光，蔡建刚. 乡村振兴战略下张家界乡村旅游高质量发展研究 [M]. 成都：西南交通大学出版社，2018.

[2] 徐虹，朱伟，章继刚. 乡村旅游创意开发 [M]. 北京：中国农业大学出版社，2019.

[3] 刘华琳. 乡村振兴背景下民俗旅游可持续发展研究 [M]. 北京：中国农业科学技术出版社，2020.

[4] 代改珍. 乡村振兴的文旅密码 [M]. 北京：中国旅游出版社，2019.

[5] 郭艳华. 乡村振兴的广州实践 [M]. 广州：广州出版社，2019.

[6] 黄渊基，邹高峰. 文旅融合与乡村振兴 [M]. 湘潭：湘潭大学出版社，2018.

[7] 姜冬梅. 乡村振兴背景下乡村发展路径探索 [M]. 长春：吉林人民出版社，2022.

[8] 徐虹，焦彦，张柔然. 乡村旅游文化传承与创新开发研究 [M]. 北京：中国旅游出版社，2021.

[9] 祁颖. 乡村振兴战略背景下的乡村旅游发展研究 [M]. 延吉：延边大学出版社，2022.

[10] 蒋高明. 乡村振兴选择与实践 [M]. 北京：中国科学技术出版社，2019.

[11] 程丛喜. 休闲农业与乡村旅游专题研究 [M]. 武汉：武汉大学出版社，2019.

[12] 何瑞铧，朱灵通，廖金锋. 乡村振兴背景下环境审计与乡村旅游协同发展研究 [M]. 北京：中国农业出版社，2022.

[13] 荣浩. 乡村旅游与乡村振兴耦合协调评价及障碍因子研究 [J]. 甘肃农业，2023（02）：1-5.

[14] 孟维福，李莎，刘婧涵，等. 数字普惠金融促进乡村振兴的影响机制研究 [J]. 经济问题，2023（03）：102-111.

[15] 刘变玉，马金海，黄飞灵. 乡村振兴背景下乡村旅游发展存在的问题与对策 [J]. 现代农村科技，2023（02）：11-12.

[16] 邬加白. 乡村振兴背景下乡村旅游发展政策支持分析 [J]. 江苏商论，2023（02）：81-83，109.

[17] 闫闪闪，杨美霞，陈小鸳，等. 乡村振兴战略下乡村旅游和红色旅游融合发展研究——以于都县为例 [J]. 中国商论，2023（01）：53-59.

[18] 高涛，武艺. 乡村振兴战略下乡村旅游发展的思考 [J]. 新农业，2021（21）：70-71.

[19] 成涛. 乡村振兴战略的政策演进及其启示 [J]. 智慧农业导刊，2023，3（04）：140-143.

[20] 王威，沈洁，尚富阳. 乡村振兴背景下乡村旅游韧性提升路径研究——基于湖北省鄂州市乡村旅游发展的调查 [J]. 湖北省社会主义学院学报，2022（04）：90-97.

[21] 林赟. 乡村振兴背景下乡村旅游发展政策支持分析 [J]. 中国管理信息化，2021，24（23）：140-141.

[22] 张欣. 乡村振兴战略背景下乡村旅游发展策略探析 [J]. 中国市场，2022（27）：38-40.

[23] 陶蓉蓉. 乡村旅游业升级中的艺术介入研究 [D]. 南京：南京艺术学院，2022.

[24] 刘少华. 乡村旅游推动乡村振兴机理与实效作用研究 [D]. 西宁：青海师范大学，2022.

[25] 邬雪峰. 乡村振兴战略背景下包头市乡村旅游业发展研究 [D]. 湛江：广东海洋大学，2022.

[26] 孙美丽. 乡村振兴战略背景下湘东区乡村旅游发展研究 [D]. 哈尔滨：东北农业大学，2022.

[27] 姚刚. 乡村振兴视角下旅游特色小镇建设研究 [D]. 芜湖：安徽工程大学，2022.

[28] 吴儒练. 旅游业高质量发展与乡村振兴耦合协调测度、演化及空间效应研究 [D]. 南昌：江西财经大学，2022.

[29] 温丽. 石城县乡村旅游与乡村振兴耦合发展研究 [D]. 南昌：江西科技师范大学，2022.

[30] 徐磊. 乡村振兴战略下旅游精准扶贫的路径研究 [D]. 北京：北京化工大学，2022.